Renate Ferrari

Schulstart ist ein Kinderspiel

Kinder richtig auf die Schule vorbereiten

CHRISTOPHORUS

Inhalt

Gedanken zur Einstimmung

Auf einmal ist der Schulanfang da

Eigentlich ist es noch gar nicht lange her, da machte Ihr Kind seine ersten selbstständigen Schritte in den Kindergarten. Es könnte gestern gewesen sein ... Und nun beginnt bald die Schule. Der Ernst des Lebens, wie man sagt. „Was wird die Schulzeit mit sich bringen? Ist mein Kind überhaupt darauf vorbereitet?" Dies werden bestimmt auch Sie sich fragen.

Während wir Eltern darüber nachsinnen, ob der Zeitpunkt für die Einschulung richtig ist, wollen unsere Kinder ungeduldig wissen: „Wann komme ich endlich in die Schule?" Und sie platzen fast vor Freude und Neugier. Denn sie möchten groß sein und einen Schulranzen tragen, sie möchten lesen, schreiben, rechnen lernen, sie sind wissbegierig und von Geburt an bestrebt, die Welt zu erobern und zu begreifen – und was bedeutet Lernen anderes mehr?

Doch es gibt auch Tage, an denen wir Ängste und Sorgen des Kindes spüren. So vieles ist noch im Unklaren und lässt es zweifeln: „Ob der Lehrer oder die Lehrerin wohl nett zu mir ist? Lassen mich die älteren Kinder in Ruhe? Oder ärgern sie mich? Ist Lesenlernen wirklich so schwer, wie manche erzählen?"

Und wenn das Kind dann Wörter, die es längst kennt, nicht richtig ausspricht, kleine Aufträge, die wir ihm geben, einfach vergisst, kaum zwei Minuten ruhig und konzentriert am Tisch sitzen kann, dann plagen auch uns vermehrt Zweifel und wir fragen uns: „Habe ich die Zeit bisher richtig genutzt und mein Kind genügend gefördert? Ist es den Anforderungen der Schule gewachsen?" Und immer wieder: „Was kann ich tun, damit der Schulstart gut gelingt?"

Nun, gerade als Eltern können Sie sehr viel tun, um Ihrem Kind einen guten Start in die Schule zu ermöglichen. Nicht etwa mit frühen Förderkursen oder Lernprogrammen, beispielsweise per Computer, die nur „Kopfarbeit" bedeuten. Ihr Kind will und muss ganzheitlich lernen, also nicht nur mit dem Kopf, sondern auch „mit Herz und Hand", um Neues wirklich zu begreifen. Es braucht keine Trainingsmappen, sondern ein Umfeld, in dem es sich ausgiebig bewegen, mit allen Sinnen Anregungen finden und sich immer wieder neu erproben kann. Dieses Buch trägt dazu bei, den Blick hierfür zu schärfen.

Der Alltag bietet beste Chancen, ein Kind auf die Schule vorzubereiten

Ganzheitliche Erfahrungen, Entdeckungen, Einsichten, Ihre liebevolle Zuwendung und Zuversicht fördern Ihr Kind in seiner Entwicklung, stärken es in seinem Selbstbewusstsein und bereiten es auf die Anforderungen der Schule – und des Lebens – vor.

Auch Sie werden sich wünschen, dass Ihr Kind Freude an der Schule hat und sich dort wohl fühlt, dass es konzentriert und aufmerksam arbeitet, dass es ohne größere Probleme Rechnen, Schreiben und Lesen lernt, dass es gerne und geschickt seine Aufgaben löst.

Dieses Buch hilft Ihnen, die besten Voraussetzungen dafür zu schaffen. Es klärt Ihre Fragen zur Schulfähigkeit, zum richtigen Zeitpunkt der Einschulung und zum Schulanfang und nimmt Ihnen so manche Angst und Sorge. Kleine Tests sagen Ihnen, wo Ihr Kind steht. Spiele und andere Angebote, die Ihr Kind aktiv werden lassen, zeigen Fördermöglichkeiten auf.

Das beste „Lernprogramm" bietet jedoch der gemeinsame Alltag. Hier können Kinder körperlich und geistig gefördert werden, können Konzentration und Ausdauer lernen, können sich im Umgang mit anderen üben, mehr Selbstvertrauen und Selbstständigkeit gewinnen – und das fast nebenbei. In den folgenden Kapiteln finden Sie dazu zahlreiche praktische Anregungen.

Ihr Kind braucht Sie als Partner

Gut vorbereitet wird Ihr Kind seine ersten Schritte in die Schule tun. Dieses Buch begleitet Sie und Ihr Kind auch dann und unterstützt Sie bei der „Bewältigung" der neuen Aufgaben: Es informiert Sie über die Rolle, die Eltern eines Schulkindes haben. Es benennt Probleme, die gerade in der ersten Schulzeit auftreten mögen, und hilft, sie zu lösen. Es sagt Ihnen, wie Sie Ihrem Kind gerade jetzt ein wertvoller Partner sein können, wie Sie mit ihm ins Gespräch kommen und seine Gedanken kennen lernen. Und es bringt „Wohlfühlangebote" für zu Hause, damit Ihr Kind hier einen Ort der Entspannung findet und gemeinsam mit Ihnen die „Nestwärme" genießen kann, die es auch als junges Schulkind für seine Entwicklung braucht.

Stolz, Freude und Ängste der Eltern

Wenn Sie Ihr Kind an seinem fünften oder sechsten Geburtstag beobachten, empfinden Sie gewiss Stolz und Freude. Windel- und Krabbelphase sind längst vorbei, der Kindergartenbesuch ist zum gewohnten Alltag geworden und das Kind freut sich auf die Schule. Ganz natürlich, dass Eltern stolz auf ihr Kind sind. Doch spätestens mit der Entscheidung, das Kind für die Schule anzumelden, rücken Bedenken, Ängste und Sorgen näher. Man fragt sich: Wie sind die heutigen Anforderungen der Schule? Sind sie höher als vor 30 Jahren? Oder ist der Einstieg sanfter? Sind die Vorstellungen des Kindes realistisch? Wird es auch nicht vom Schulalltag enttäuscht sein?

Nicht selten haben Eltern bei ihren Überlegungen die eigenen Schulerfahrungen im Hinterkopf. Aber dem Kind diese Vorstellungen mehr oder weniger aufzudrängen, ist gefährlich. Das Kind hat seine eigene Persönlichkeit und wird seine eigene Entwicklung machen. Doch auch unbeabsichtigt beeinflussen Eltern ihr Kind mit ihrer Einstellung, zeigen Erwartungen, wecken Hoffnungen und Ängste. Deshalb ist es wichtig, dass Sie sich über Ihre Einstellung zur Schule im Klaren sind.

Erwartungen und Bedenken

Wenn Sie gerne zur Schule gegangen sind, ein guter Schüler, eine gute Schülerin waren, wenn Ihnen das Lernen leicht fiel, erhoffen Sie sich von Ihrem Kind gewiss auch Schulerfolge. Wenn Sie im Rechnen nie ein Ass waren, erwarten Sie dies wahrscheinlich auch nicht von Ihrem Kind. All das muss natürlich keineswegs zutreffen.

Doch die eigenen Erfahrungen können Erwartungen wie auch Bedenken und Befürchtungen wecken. Prüfen Sie sich deshalb einmal anhand der folgenden Fragen und überlegen Sie jeweils, ob Sie positive Erwartungen oder Befürchtungen haben:

- Freut sich mein Kind auf die Schule?
- Wird ihm der Abschied vom Kindergarten und die Trennung von seinen Freunden schwer fallen?
- Wird es sich der Lehrerin/dem Lehrer öffnen?
- Wird es Freundschaften mit anderen Schülern schließen?
- Wie wird es sich in der Klasse verhalten? Wird es verträumt, langsam und schüchtern sein? Oder eher ungeduldig und lebhaft?
- Wird es im Unterricht still sitzen können?
- Wird es sich gut konzentrieren können?
- Wird ihm das Lernen leicht fallen?

- Wird es ausreichend gut sprechen können?
- Ist es selbstständig und kommt es allein zurecht?
- Wird es sich morgens leicht von zu Hause lösen?

Machen Sie sich bewusst, dass sich Ihre persönliche Einstellung zur Schule, Ihre Ängste und (unausgesprochenen) Erwartungen auf Ihr Kind übertragen. Es ist wichtig, dass Sie zwischen Ihren Vorstellungen von Schule und Lernen und den Vorstellungen Ihres Kindes unterscheiden. Schließlich werden nicht Sie die Schule besuchen, Ihr Kind muss sich auf die neue Situation und auf die neue Art zu lernen einlassen.

Bedenken Sie: Kein Kind möchte seine Eltern enttäuschen, jedes Kind möchte Erfolg haben und braucht etwas Mut für die neue Aufgabe. Entmutigen Sie Ihr Kind nicht und vermeiden Sie Prophezeiungen wie: „Na, du wirst schon sehen, dass die Schule kein Zuckerschlecken ist." – „Ich war auch keine Leuchte; das liegt in der Familie!" Solche Aussagen machen dem Kind Angst, und Angst verhindert erfolgreiches Lernen.

Finden Sie heraus, wie Ihr Kind über die Schule denkt. Welche Sorgen oder Ängste es hat. Stärken Sie sein Selbstbewusstsein. Fördern Sie seine Selbstständigkeit. Spätestens jetzt gilt es, nicht die kleine Hand fest zu halten und zu führen, sondern Ihre große Hand bereitzuhalten für den Fall, dass Ihr Kind danach greifen möchte.

Ein weites Feld – Kinder zwischen Vorfreude und Sorge

Wenn die Ältesten den Kindergarten verlassen haben, wenn das Kind immer öfter von Verwandten und Freunden der Eltern gefragt wird, ob es im nächsten Jahr eingeschult wird, dann sieht es dem Schulbeginn mit Spannung entgegen, und dann taucht dieses eigenartige Kribbeln im Bauch auf. Der Begriff „Schule" erhält eine magische Wirkung, erscheint fast wie ein Zauberwort.

Schule, das ist gleichbedeutend mit groß sein; Schule bedeutet, bald lesen und schreiben zu können. Schule ist wie ein unbekanntes Land, das man noch entdecken muss, wo man so viel Neues kennen lernen kann.

Meist freuen sich die Kinder auf die Schule, sind stolz darauf, zu den Ältesten in der Gruppe zu gehören und bald einen Schulranzen zu tragen. Schulanfang wäre für sie die reinste Freude, wenn da nicht dieses Unbehagen immer wieder auftauchen würde.

Viele Unsicherheiten erscheinen Ihnen vielleicht unbedeutend, für Ihr Kind jedoch können sie beängstigend werden. Zwar taucht Angst in den verschiedensten Lebenslagen auf, aber der Schulbeginn sollte für Kinder nicht zum Schreckgespenst werden.

Helfen Sie Ihrem Kind, wenn es Angst hat

Jedes Kind muss lernen, mit Angst umzugehen. Sie darf aber kein ständiger Begleiter werden, denn Angst lähmt, verdrängt die Freude, kann mutlos und hilflos machen, besonders wenn sie von Eltern nicht erkannt wird oder sich das Kind unverstanden fühlt. Deshalb ist hier Hilfe notwendig:

- Ermutigen Sie Ihr Kind, Gefühle zu äußern.
- Hören Sie ihm aufmerksam zu, wenn es von unguten Gefühlen erzählt.
- Nehmen Sie sich Zeit für sein Anliegen. Wenn dies nicht sofort möglich ist, dann einen Zeitpunkt nennen – aber nicht vergessen!
- Zeigen Sie Verständnis für seine Sorgen.
- Verlangen Sie nicht, dass es sein Unbehagen begründet.
- Verharmlosen Sie die Sorgen nicht.
- Geben Sie nicht gleich Ihr Urteil zu den Sorgen ab.
- Trauen Sie Ihrem Kind auch anspruchsvolle Aufgaben zu, das gibt ihm Mut.

Lernen Sie die Vorstellungen und Ängste Ihres Kindes kennen

Nicht allen Kindern fällt es leicht, ihre Ängste in Worte zu fassen. Ihr Wortschatz ist begrenzt, sodass sie ihre Gefühle nicht beschreiben können. Folgendes ist dann hilfreich:

- Betrachten Sie zunächst gemeinsam ein Bilderbuch zum Thema Schulanfang. Welche Gedanken kommen Ihrem Kind dazu? Später, wenn Sie den Text vorgelesen haben, können Sie das Gespräch vertiefen.
- Lassen Sie Ihr Kind ein freies Bild malen oder stellen Sie ihm ein Thema, etwa „Was mich freut, wenn ich in die Schule komme" und „Was mir nicht gefällt, wenn ich an die Schule denke". Bedrückendes erscheint in vielen Kinderbildern in dunklen Farben oder maskiert. Sprechen Sie mit Ihrem Kind über das Gemalte.

- Spielen Sie doch mal mit Ihrem Kind „Schule". Wer ist Lehrer? Wer ist Schüler? Wechseln Sie die Rollen. Sie können auch einen Auszählvers entscheiden lassen.

1 – 2 – 3,
wiggel – waggel – wei,
wiggel – waggel – einerlei,
du sollst jetzt das Schulkind sein.

4 – 5 – 6,
klix – klax – klex,
pix – pax – pu,
der Lehrer bist heut' du!

Kinder brauchen vertraute Gespräche

Gerade in der Zeit vor der Einschulung, aber auch später, während der Schulzeit, braucht das Kind einen Gesprächspartner, dem es sich anvertrauen kann. Das sind in der Regel die Eltern. Doch ob ein Kind sich mit seinen Wünschen, Fragen, Sorgen und Ängsten an sie wendet, hängt ganz entscheidend von der Gesprächsbereitschaft der Eltern ab. Dabei genügt es nicht, Routinefragen zu stellen „Na, wie war's denn? Was hast du heute gemacht?" und dann weiter in der Zeitschrift zu blättern oder das Lied aus dem Radio zu summen. Nehmen Sie sich täglich Zeit für ein kurzes Gespräch. Jedes Kind wie auch jeder Erwachsene möchte das Gefühl haben, dass ihm interessiert zugehört wird.

Das hilft, wenn Ihr Kind nichts erzählen will

- Prüfen Sie zunächst, ob Ihr Verhalten dazu beigetragen hat, wenn Ihr Kind sich verschließt (siehe Seite 12).
- Statt das Kind aufzufordern, von sich und seinen Erlebnissen zu erzählen, beginnen Sie zu berichten, was Sie erlebt und womit Sie sich beschäftigt haben.
- Auch hier können Vorlese- und Bilderbücher hilfreich sein, die Interessen des Kindes wiedergeben. Lesen Sie daraus vor. Über Geschichten lernen Kinder, ins Gespräch zu kommen.
- Auch das Spiel mit Handpuppen oder Kuscheltieren kann das Kind zum Gespräch führen. Dann sprechen nicht Sie mit dem Kind, dann spricht der Hase mit dem Elefanten oder die Maus mit dem Igel.
- Ebenso können kleine Verse oder Fingerspiele dem Kind helfen, seine Gefühle zu äußern.
- Beziehen Sie Ihr Kind in Entscheidungen, die Ihre Familie betreffen, ein. Zeigen Sie ihm damit, dass Ihnen seine Meinung wichtig ist.

Werden Sie ein guter Gesprächspartner für Ihr Kind

- Hören Sie aufmerksam zu, wenn Ihr Kind etwas erzählt. Zeigen Sie ihm mit Ihren Blicken, dass Sie seinen Gedanken folgen.
- Je nach Situation sollten Sie das Radio oder den Fernseher ausschalten. Damit bekunden Sie, dass Ihr Interesse jetzt ganz Ihrem Kind gilt.
- Nehmen Sie sich einige Minuten Zeit, damit sich das Kind angenommen und im Erzählen nicht unter Druck fühlt.
- Kommt Ihr Kind mit Angst oder Sorgen zu Ihnen und Sie haben gerade keine Zeit oder nicht die nötige Ruhe, dann lassen Sie das Kind zunächst erzählen, aber führen Sie keine Unterhaltung „zwischen Tür und Angel". Geben Sie dem Kind später noch einmal Gelegenheit, gemeinsam mit Ihnen zu reden und nachzudenken.

- Solche Gespräche sollten keinen zu ernsten Charakter haben. Wenn Sie sich Auge in Auge unterhalten, kann dies geradezu hemmend wirken. Ein kleiner Spaziergang, ein Blick aus dem Fenster oder eine kleine gemeinsame Arbeit in der Küche entspannt.
- Zwar kann ein Gespräch an der Bettkante zum schönen Ritual werden, doch für eine Aussprache über Probleme ist der Zeitpunkt ungeeignet.
- Bemühen Sie sich, Ihr Kind wirklich zu verstehen. Fragen Sie kurz nach, wenn Ihnen etwas unklar erscheint.
- Korrigieren Sie nicht ständig die Ausdrucksweise.
- Reden Sie nicht endlos auf Ihr Kind ein, vermeiden Sie „Moralpredigten". Weder helfen Sie ihm damit noch fühlt es sich verstanden. Schweigen und sich verschließen – das kann die Folge sein.
- Machen Sie aus dem Gespräch kein Verhör, fragen Sie Ihr Kind nicht aus, denn damit setzen Sie es nur unter Druck.
- Begegnen Sie Ihrem Kind im Gespräch mit Respekt. Machen Sie sich nicht über seine Reaktionen oder Äußerungen lustig.
- Erzählen Sie das, was Ihnen Ihr Kind anvertraut, nicht an Dritte weiter.
- Gönnen Sie Ihrem Kind immer wieder viel Zeit und Ruhe: Zeit, in der weder der Fernseher noch das Radio oder eine Hörspielkassette in Betrieb ist, damit es seine Eindrücke zunächst still für sich verarbeiten und seine Gedanken sortieren kann. Nur so finden Gespräche auch im Innern des Kindes ihren Raum.

Das Gefühl, verstanden zu werden, gibt Ihrem Kind Selbstsicherheit und stärkt sein Selbstwertgefühl; und gerade diese beiden Komponenten sind für eine gesunde Entwicklung und somit auch für einen guten Schulerfolg wichtig.

Schulfähigkeit –
neue Beurteilungskriterien

Darauf kommt es an

Heute geht man davon aus, dass die, die das Kind in seiner Gesamtpersönlichkeit kennen, am besten beurteilen können, ob ein Kind schulfähig ist: der Kindergarten, die Eltern, eventuell der Kinderarzt. Auch ein erfahrener Schularzt wird ein Urteil abgeben können. Ob ein Kind tatsächlich schulfähig ist, lässt sich allerdings erst im Laufe der ersten Schulwochen feststellen.

Bei der Schulfähigkeit kommt es auf körperliche und geistige Fähigkeiten, aber auch auf psychische Stärke und soziale Reife an. Um in der Schule zu lernen, muss ein Kind den Unterrichtsstoff mit Neugierde und Interesse aufnehmen und verstehen. Es sollte in der Lage sein, sich eine Zeit lang mit einer Sache zu beschäftigen und sich auch mal Dingen zu widmen, die zunächst weniger attraktiv erscheinen. Es soll Schriftzeichen an der Tafel erkennen und auf sein Blatt übertragen können.

Man erwartet, dass es sich sprachlich verständlich machen kann, den Unterricht mit gestaltet und im Laufe der Zeit ein eigenes Lernverhalten entwickelt. Um in der Klasse und im Schulleben unter all den anderen zu bestehen, braucht das Kind auch eine gute Portion Selbstvertrauen. Aussagen wie „Das schaff ich schon!" sind wichtig und zeugen von Zuversicht und Ich-Stärke. Das Kind muss Regeln anerkennen und in der Lage sein, selbstständig mit anderen Kontakt aufzunehmen und noch so manches mehr.

Die einzelnen Aspekte von Schulfähigkeit (s. rechts) können nie getrennt voneinander betrachtet werden. Das beste Beispiel dafür ist wohl die Fähigkeit, kreativ zu sein: Hier kommen nicht nur geistige Fähigkeiten zum Tragen (die Idee), sondern auch körperliche (die Idee wird mit Materialien umgesetzt), soziale (Anregungen und Kritik werden mit eingebunden) und psychische Fähigkeiten (ein missglückter Versuch führt nicht zum Aufgeben der Idee).

Wann ist ein Kind schulfähig?
Die Kriterien im Einzelnen

Körperliche Fähigkeiten
(physisch-motorischer Bereich)

- körperlich stabil (gesund) sein
- gut hören und sehen können
- sich grobmotorisch sicher bewegen
- ausgebildete feinmotorische Bewegungen haben
- geschickt sein
- selbstständig sein

Nicht die Größe des Kindes spielt eine Rolle, sondern vielmehr seine körperliche Stabilität und seine Fähigkeit, grob- und feinmotorische Bewegungen zielgerecht auszuführen. Körperlich stabil bedeutet, das Kind sollte körperlich gesund, also nicht ständig durch Krankheiten in seiner Entwicklung gehemmt worden sein. Achten Sie darauf, dass Ihr Kind ohne Probleme sehen und hören kann. Scheuen Sie nicht den Weg zum Augenarzt. Gerade Kinder lernen durch Beobachtung. Auch das Gehör sollte überprüft werden. Nicht selten ist bei Kindern, die sich schlecht auf Geschichten konzentrieren können, das Hörvermögen eingeschränkt. Achten Sie darauf, ob Ihr Kind auch leise Dinge hört. Zu den grobmotorischen Fähigkeiten gehört etwa, einen Ball aufzufangen oder einige Meter auf einer Bordsteinkante zu balancieren. Es sind Ganzkörperbewegungen, im Unterschied zu den feinmotorischen Bewegungen, die beispielsweise mit der Hand ausgeführt werden. Feinmotorische Fähigkeiten sind gezielte Bewegungen, wie sie ein Kind macht, wenn es auf einem Blatt Papier eine Apfelsine malen möchte und dabei mit dem Stift einen geschlossenen Kreis zieht. Gerade hier wird deutlich, wie wichtig ein Zusammenspiel von Augen und Hand ist.

In engem Zusammenhang mit alldem stehen Selbstständigkeit und Geschicklichkeit. Kinder, die feinmotorisch fit sind, lernen es spielend, ihren Anorak zu schließen oder ihre Schuhe zu binden. Denken Sie daran, dass sich Ihr Kind in der Schule selbstständig aus- und anziehen muss und für seine Schulsachen verantwortlich ist. Nicht zuletzt kann die Ordnung in der Schultasche daran scheitern, dass ein Kind „ungeschickt" ist und es ihm nicht gelingt, ein Heft zwischen andere Hefte zu schieben.

Geistige Fähigkeiten (kognitiver Bereich)

• sich konzentrieren
• Ausdauer haben
• sich erinnern
• logisch denken
• Zahlen, Mengen, Farben und Formen wahrnehmen und verstehen
• Sprache verstehen und sprechen

Im Bereich der geistigen Fähigkeiten, die für den Schulbesuch wichtig sind, spielen der Wissensstand des Kindes eine Rolle, seine Fähigkeit, sich zu konzentrieren, sich etwas zu merken (Gedächtnis), und sein logisches Denkvermögen. Logisches Denken heißt hier beispielsweise, dass ein Kind erkennt: Wenn ich auf diesen Lichtschalter drücke, dann brennt die Lampe an der Decke. Man könnte auch sagen: Das Kind denkt folgerichtig.

Logisches Denken bedeutet auch, dass ein Kind in bestimmten Situationen oder bei bestimmten Vorgängen deren Gesetzmäßigkeiten sieht: Weil es gestern den ganzen Tag geregnet hat, sind heute Morgen noch viele Pfützen auf der Straße, obwohl nun die Sonne scheint.

Auch die sprachliche Kompetenz ist von Bedeutung: Das Kind sollte verständlich und grammatikalisch richtig sprechen können. Denn gerade im ersten Schuljahr erfolgen viele Aufgaben und Lösungen über die gesprochene Sprache.

Emotional-psychische Fähigkeiten

• zuversichtlich sein
• belastbar sein
• ausgeglichen sein
• frei von inneren Spannungen und Angst sein

Hören Sie von Ihrem Kind des Öfteren die Aussage „Das schaff ich ganz alleine!" oder – nach einem kleinen Misserfolg – „Ich probier es noch mal"? Auch miese Stimmungen sind selten? Dann besitzt Ihr Kind eine gute Portion Zuversicht und Ausgeglichenheit. Und Sie können darauf vertrauen, dass es auf dem besten Wege ist, ausreichende emotionale und psychische Schulfähigkeiten zu entwickeln. Wichtig wäre noch, dass es nicht „ausflippt", wenn Sie es mal mit Aufgaben, die ihm nicht so sehr Freude bereiten, belasten. Nicht zuletzt sollte das Kind relativ frei von Angst und inneren Spannungen sein. Das heißt: Auch wenn das Kind auf eine neue Situation stößt, traut es sich, diese anzugehen. Ebenso kann es kleine Enttäuschungen überwinden, ohne dass sein Stimmungsbarometer in den Keller sinkt.

Sozial-kommunikative Fähigkeiten

• Absprachen und Regeln der Gruppe anerkennen
• sich in der Gruppe persönlich angesprochen fühlen
• Verantwortung für Aufgaben übernehmen
• sich an Neues heranwagen
• Kontakte und Freundschaften aufbauen
• zuhören
• andere Meinungen respektieren
• seine eigene Meinung vertreten und auch, wenn nötig, eigene Ideen durchsetzen
• Eigeninitiative entwickeln

Schule bedeutet immer auch Gemeinschaftsleben. Deshalb ist die soziale Schulfähigkeit von großer Bedeutung. Der Kindergarten kann viel dazu beitragen, dass Ihr Kind das Leben in der Gemeinschaft lernt. Denn in vielen Familien wachsen Kinder heute als Einzelkinder auf.

Sozial-kommunikative Schulfähigkeit heißt, dass ein Kind in der Lage sein sollte, Regeln und gemeinsame Absprachen anzuerkennen und einzuhalten. Solche Regeln werden in den ersten Schultagen aufgestellt und besprochen. Dazu gehört auch, dass sich ein Kind persönlich angesprochen fühlt, wenn die Lehrerin oder der Lehrer der Klasse einen Arbeitsauftrag gibt.

Besitzt das Kind sozial-kommunikative Fähigkeiten, so ist es in der Lage, Kontakte zu anderen Schülern aufzubauen, Freundschaften aufrechtzuerhalten oder unerwünschte Kontakte abzubrechen. Ganz wichtig ist die Fähigkeit, anderen zuzuhören, andere Meinungen zu respektieren, aber auch seine Meinung, Ideen und Wünsche anderen mitzuteilen und gegebenenfalls durchzusetzen.

Welche Voraussetzungen bringt Ihr Kind mit?

Die folgenden Fragen sollen Ihnen helfen, sich ein Bild vom Entwicklungsstand Ihres Kindes zu machen, seine Fähigkeiten besser einzuschätzen und zu erkennen, wo Ihr Kind eventuell mehr gefördert werden sollte. Die Fragen sind nur als Leitfaden zu verstehen; es sind keine Testfragen. Und wenn Sie nicht alle mit Ja beantworten können, so ist das kein Grund zur Sorge. Ihr Kind wird bis zur Einschulung und auch im ersten Schuljahr noch Fähigkeiten entwickeln oder weiter ausbauen. Nicht zuletzt trägt auch die Schule ein großes Stück Verantwortung, ob ein Kind erfolgreich ist.

Wenn Sie jedoch Bedenken haben, sprechen Sie mit Ihrem Arzt und der Erzieherin, dem Erzieher des Kindergartens. Jetzt ist noch Zeit, Ihr Kind in dem einen oder anderen Bereich zu fördern oder eine Behandlung anzugehen. Auch Erziehungsberatungsstellen bieten Hilfe an.

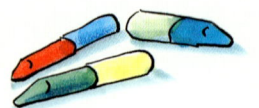

Körperliche Fähigkeiten

- Sieht Ihr Kind gut?
- Hört es gut?
- Hört es, woher Geräusche kommen?
- Kann es Geräusche zuordnen, beispielsweise ein Motorrad- oder ein Sägegeräusch erkennen?
- Kann es sich allein, sicher und relativ rasch an- und ausziehen?
- Kann es Schleifen binden und Knoten knüpfen?
- Kann es Ösen, Knöpfe und Reißverschlüsse öffnen und schließen?
- Kann es Schrauben auf- und auch zuschrauben?
- Führt es kleine Arbeiten im Haushalt selbstständig aus?
- Kann es Treppen oder Leitern sicher hinauf- und hinuntersteigen?
- Kann es auf einer geraden Strecke auch rückwärts gehen?
- Kann es am Bordsteinrand oder auf einem Strich balancieren?
- Kann es kombinierte Bewegungen, wie etwa den Hampelmann, nachmachen?
- Fährt es Roller oder gar Fahrrad ohne Stützräder?
- Klettert es sicher auf Spielplatzgerüsten herum?
- Hüpft es sicher auf einem Bein oder kann es gar schon das Kästchenhüpfspiel?
- Kann es ein Geschenk allein einpacken?
- Geht es mit Schere, Stift und Papier richtig um?
- Hält es Stifte mit Daumen und Zeigefinger?
- Malt es gerne?
- Kann es einen Menschen malen?
- Kann es einfache Figuren und Formen nachmalen?
- Kann es einen Faden einfädeln und Perlen auffädeln, auch nach vorgegebenem Muster?
- Kann es zehn Minuten oder länger auf dem Stuhl sitzen bleiben und seinen Drang zu laufen, hüpfen, springen zurückstellen?

Geistige Fähigkeiten

- Kennt Ihr Kind die Würfelzahlen?
- Geht es beim Würfelspiel die gewürfelte Zahl selbstständig auf dem Spielfeld?
- Kennt es Ordnungszahlen wie etwa „die dritte Schublade", „das fünfte Buch"?
- Werden Mengen bis fünf ohne Nachzählen erkannt?
- Kann es bis zehn oder zwanzig zählen?
- Zeigt es Interesse an Zahlen und Wörtern?
- Kann es vielleicht schon seinen Namen schreiben?
- Weiß es seinen und Ihren Namen und die Adresse?
- Kennt es Gegensätze wie „hoch – tief, viel – wenig, mehr – weniger"?
- Verwendet es Bezeichnungen wie „am kleinsten", „weniger", „gleich viel"?
- Kann es Dinge nach ihrer Größe vergleichen und ordnen?
- Kann es Formen erkennen und benennen (Kreis, Dreieck, Rechteck, Quadrat)?
- Kann es aus Einzelteilen gelegte Formen neu legen?
- Kann es nach Vorlagen arbeiten; etwa ein Lego-Modell nach Plan bauen?
- Kann es sich kurzzeitig mehrere Dinge merken?
- Zeigt es Interesse an Natur und Technik?
- Spielt es gerne mit Wasser, Erde, Sand, Holz, Steinen, Papier, Stoffen ...?
- Entwickelt es im Spiel eigene Ideen?
- Ist es erzählfreudig?
- Spricht es grammatikalisch richtig?
- Spricht es fremde Ausdrücke und Namen korrekt nach?
- Interessiert es sich für Fremdsprachen? Kann es sie vom Deutschen unterscheiden?
- Kann es mit Wörtern, die sich ähneln, umgehen, wie „Nadel" und „Nagel", „Bett" und „Brett"?
- Kann es kleine Geschichten nacherzählen?
- Erfindet es selbst gern Geschichten?
- Ist sein Vorstellungsvermögen gut?
- Kann es logische Folgerungen ziehen?
- Kann es Gegenstände, Umstände oder Situationen einfach erklären?

Soziale und emotionale Fähigkeiten

- Hat Ihr Kind Freunde?
- Nimmt es von sich aus Kontakt auf?
- Spielt es gern mit anderen Kindern?
- Kommt es mit Gleichaltrigen zurecht?
- Kann es sich gegenüber Gleichaltrigen behaupten?
- Kann es sich in eine Gruppe einfügen?
- Fühlt es sich auch in der Gruppe persönlich angesprochen?
- Hört es anderen aufmerksam zu?
- Akzeptiert es andere Meinungen?
- Kann es eigene Bedürfnisse eine Zeit lang zurückstellen?
- Ist es hilfsbereit und einfühlsam?
- Kann es Enttäuschungen ertragen?
- Kann es sich von Ihnen stundenweise trennen?
- Lernt es gern Neues kennen?
- Kann es sich auch allein beschäftigen?
- Führt es Tätigkeiten zu Ende, zumindest wenn es aufgefordert wird?
- Kann es allein konzentriert arbeiten?
- Übernimmt es Verantwortung für Aufgaben?
- Beachtet es Regeln, Gebote, Verbote?
- Kann es im Spiel verlieren, ohne wütend zu werden oder zu weinen?
- Wirkt es ausgeglichen und zufrieden?

„Heimtraining" –
das optimale Förderprogramm

Die Fähigkeiten für einen guten Schulstart sollten vielfältig sein. Sicher fragen Sie sich, wie Sie diese Fähigkeiten fördern können. Eine der besten Möglichkeiten ist, das Kind im Haushalt mithelfen zu lassen! Hier lernen Kinder beispielsweise grob- und feinmotorische Fähigkeiten. Und es ist erwiesen, dass Arbeit mit den Händen Kinder nicht nur geschickter, sondern auch intelligenter macht. Die Beweglichkeit der Hände und des gesamten Körpers fördert die geistigen Kräfte des Kindes. (Selbst Erwachsene, die wochenlang im Bett liegen müssen, verlieren Intelligenzpunkte.) Hausarbeit fördert außerdem die Sinne. Bei der Essenszubereitung zum Beispiel sind Tast-, Geruchs-, Gehör- und Geschmackssinn im Einsatz. Zudem stärkt es das soziale System, wenn Kinder Pflichten im Haushalt übernehmen; und sie lernen, für etwas verantwortlich zu sein. Auch sind Kinder stolz darauf, wenn sie etwas Sinnvolles machen und dies wiederum trägt zu einem harmonischen Familienleben bei.

Eines sollten Sie allerdings beachten, wenn Sie Arbeiten delegieren: Reißen Sie Ihr Kind nicht ständig aus konzentrierten Tätigkeiten heraus, etwa wenn es ein Buch betrachtet oder spielt. Sonst lernt es nicht, sich auf etwas zu konzentrieren und eine Sache zu Ende zu bringen.

Selbstständigkeit:
das große Ziel aller Kinder

Spätestens am ersten Schultag erlebt das Kind, dass es in der Schule auf sich gestellt ist. Schon jetzt sollten Sie dem Kind Gelegenheit und Zeit geben, selbstständig für sich zu sorgen. Das stärkt sein Selbstwertgefühl!

Das kann Ihr Kind ganz allein:

- Sich nach dem Aufstehen waschen.
- Sich die Zähne putzen und die Haare kämmen.
- In die bereitgelegten Kleider schlüpfen.
- Die Schuhe holen und zubinden.
- Das Pausenbrot schmieren, verpacken und in die Tasche legen.
- Sich beim Nachhausekommen ausziehen, Schuhe und Kleidung wegräumen.
- Spielsachen ein- und aufräumen.
- Bei den Nachbarn etwas abgeben oder holen.

Geben Sie Ihrem Kind genügend Zeit für seine Arbeiten. Den Reißverschluss vom Anorak oder die Knöpfe an der Hose schließen, das erfordert Konzentration, Ausdauer, Zuversicht, feinmotorische Geschicklichkeit und gutes Sehvermögen. Übrigens: Erkennen Sie hier die Fähigkeiten wieder, die Ihr Kind auch für das Arbeiten in der Schule braucht?

Selbstständigkeit spielerisch fördern

Wem passt der Schuh?

Die Schuhe der Spieler sind im Kreis auf dem Boden verteilt. Mitten im Kreis liegt eine leere Flasche. Ein Kind dreht die Flasche und fragt dazu: „Wem passt der Schuh?" Das Kind, auf dessen Schuh der Flaschenhals am Schluss zeigt, zieht den Schuh selbstständig an. Dann darf es die Flasche drehen.

Wer schafft's geschwind?

Auf dem Tisch liegen Messer und Gabel, eine dicke Scheibe Käse oder ein Apfel. Unter dem Tisch sind eine Mütze, ein Schal, Fingerhandschuhe und ein Gürtel.
Die Kinder sitzen um den Tisch und würfeln reihum. Wer die erste Sechs hat, holt die Kleidungsstücke unter dem Tisch hervor, zieht sie so schnell wie möglich an und beginnt, mit Messer und Gabel den Käse oder den Apfel klein zu schneiden und zu essen. Aber aufgepasst: Sitzt die Mütze auf dem Kopf? Ist die Gürtelschnalle zu? Stecken die Finger exakt in den Handschuhen und ist der Schal gebunden? Das Kind hat Zeit, bis ein anderes eine Sechs würfelt ...

Bewegung macht Ihr Kind klug

Viel zu früh werden Kinder heute in ihren Bewegungen eingeschränkt: Sie sollen ruhig sitzen, wenn sie fernsehen oder ein Buch anschauen, sich im Einkaufszentrum diszipliniert verhalten ... Hinzu kommen Computerspiele und andere Spiele, bei denen Kinder möglichst auch sitzen und ruhig sein sollen. Verstecken und Fangen spielen, auf Bäume klettern, Wiesenhänge herunterrollen – das gehört der Vergangenheit an. Während Kinder vor 30 Jahren viele Fähig-

keiten „wie von selbst" entwickelten, so haben die meisten heute wenig Gelegenheit, sich ausgiebig zu bewegen. Vielfach fehlen in der näheren Umgebung Flächen, auf denen Kinder sich gefahrlos bewegen können. Die Straßen sind mit Autos überfüllt, Plätze und Höfe werden anderweitig genutzt, Wiesen und Brachland sind nur schwer oder gar nicht zu erreichen.
Als Folge der Bewegungseinschränkung hat eine große Zahl von Schulanfängern Haltungs- und Gewichtsprobleme, Schwierigkeiten in der Bewegungskoordination und der Ausdauer.

Was der Ball kann

Einen Ball mal mit der linken, mal mit der rechten Hand auf den Boden prellen – auch das fördert die Geschicklichkeit. Das folgende Spielgedicht gibt an, wie hoch der Ball geprellt werden soll. Gar nicht so einfach!

Mein Ball zeigt, was er kann:
Springt hoch jetzt wie ein Mann,
dann hoch so wie ein Hund,
dann hoch mir fast zum Mund,
dann hoch fast übers Puppenhaus,
dann hüpft er hoch wie eine Maus –
und nun genug! Ich ruh mich aus!
Doch bald fang ich von vorne an:
Mein Ball zeigt, was er kann:
Springt hoch jetzt wie ein Mann ...

Bewegungserfahrungen schenken Kindern Erkenntnisse

Bewegungserfahrungen verhelfen nicht nur zu einem guten Körpergefühl, sie bringen dem Kind wichtige Erkenntnisse, die es im Alltag und in der Schule immer wieder braucht. Es lernt:

- Geschwindigkeiten einschätzen („Wenn ich auf allen vieren krabble, komme ich langsamer voran, als wenn ich laufe; doch bin ich immer noch schneller als mein Meerschweinchen. Aber das Auto fährt schneller, als ich rennen kann.")
- Bodeneigenschaften einschätzen („Wenn ich laufe, krabble, schleiche, fühle ich unter meinen Füßen den Boden; aber mal spüre ich Asphalt, mal Kies oder Sand und Waldboden.")
- Materialeigenschaften einschätzen („Klettere ich an Metallstangen empor, sind diese kalt und steif und zum Teil auch rutschig. Klettere ich einen Baumstamm hoch, so ist er dick und rau. Oft ist ein Ast im Baum leichter zu erklimmen.")
- seine eigenen Fähigkeiten und Grenzen einschätzen („Der Bach ist breit, über den kann ich nicht springen; aber über den kleinen Graben hier komme ich.")
- sein Selbstwertgefühl stärken („Seht, wie gut ich klettern kann!")
- Mengen einschätzen („Wenn ich mir eine Kette machen will, sind die Kastanien hier zu wenig; dann muss ich noch mehr sammeln.")
- Kommunikationsfähigkeit entwickeln („Wir treffen uns nachher auf dem Spielplatz. Bring deine Inliner mit!")

Die Bewegungserfahrungen machen sich auch in der Sprache bemerkbar. Denn ein Kind kann nur Wörter verinnerlichen und richtig anwenden, deren Bedeutung es erfahren hat. Kinder, deren Bewegungsdrang gestillt ist, haben zudem weniger Schwierigkeiten, sich zu konzentrieren. Wenn das Kind hüpft, tanzt, tobt oder sich im Spiel bewegt, befreit es sich von inneren Zwängen, Ängsten und Konflikten und es hat Freude an seiner Bewegung.

Bewegung können Sie ganz nebenbei fördern

Körperliches Geschick und Freude an der Bewegung können Sie fördern, indem Sie Ihrem Kind, wann immer es möglich ist, kleine Bewegungsspiele (siehe auch Seite 21) anbieten und Bewegungsangebote in den Tagesablauf integrieren:

- Auf einem Bein auf dem Gehweg hüpfen.
- Mit geschlossenen Beinen einige Stufen im Treppenhaus hochhüpfen.
- Auf einem Strich, am Teppichrand oder an Mustern von Straßenbelägen balancieren.
- Mit großen und kleinen Bällen spielen.
- Schaukeln (im Zimmer oder im Freien).
- Zu Musik hüpfen und tanzen.
- Springen wie ein Hampelmann.
- Seilspringen (kaufen Sie ein Springseil mit festen Griffen, an denen sich das Seil beim Schwingen dreht).
- Das „klassische" Gummitwist spielen.
- Mit Stühlen und Kartons Bewegungsanreize im Zimmer schaffen.
- Kleine Ausflüge mit dem Roller, später mit dem Fahrrad unternehmen.

Bewegungsspiele
Grobmotorik und Geschicklichkeit

Geschickt von Kopf bis Fuß
Das Kind sitzt auf dem Boden und knüllt mit nackten Füßen Zeitungspapier zu einer Kugel. Im Liegen wirft es die Kugel mit den Füßen hoch – und fängt sie möglichst wieder auf. Dann transportiert es den Papierball auf den Schultern, unter dem Kinn, auf dem rechten oder linken Fuß, auf dem Kopf ...

Zwischen den Knien
Das Kind geht mit einem Ball, Ballon oder einer Kastanie zwischen den Knien eine bestimmte Strecke und legt das Teil am Ziel ohne Hilfe der Hände in einen Eimer. Das Ganze eignet sich auch als „Wettkampfspiel" für zwei Mannschaften. Ist der erste Spieler am Eimer angekommen, läuft der zweite los, holt das Teil und läuft zum Start zurück, um es auf gleiche Weise ins Ziel zu bringen.

Kleine Akrobaten
Die Kinder balancieren einen Stift, ein Lineal, einen Holzlöffel auf dem Handrücken, später auf einem ausgestreckten Finger. Wer schafft eine Runde um den Stuhl oder um den Tisch? Dann heißt es mit einem Holzlöffel auf dem Finger in die Hocke gehen und wieder aufstehen. Und nebenbei noch auf einer Linie balancieren!

Schnapp den Stock
Zwei Kinder stehen sich, zwei Schritte voneinander entfernt, gegenüber. Beide haben einen Stock (oder Besenstiel), der mindestens bis zum Bauch reicht. Sie stellen ihn senkrecht auf den Boden und halten ihn mit einer Fingerspitze fest. Gemeinsam zählen sie im Takt: „Eins – zwei – drei!" Bei drei lässt jedes seinen Stock los und greift sofort zum Stock des anderen! Mit jeder Runde gehen die Kinder dann weiter auseinander.

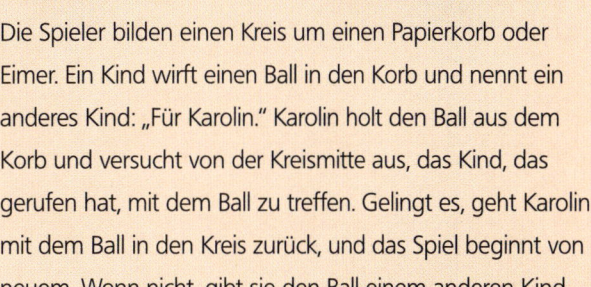

Korbball
Die Spieler bilden einen Kreis um einen Papierkorb oder Eimer. Ein Kind wirft einen Ball in den Korb und nennt ein anderes Kind: „Für Karolin." Karolin holt den Ball aus dem Korb und versucht von der Kreismitte aus, das Kind, das gerufen hat, mit dem Ball zu treffen. Gelingt es, geht Karolin mit dem Ball in den Kreis zurück, und das Spiel beginnt von neuem. Wenn nicht, gibt sie den Ball einem anderen Kind und kehrt an ihren Platz zurück.

Feinmotorik und das Zusammenspiel von Händen und Augen

Wurfspiele
Beim Spiel mit einem Ball oder Wurfring müssen sich Hände und Augen verstehen!
- Ein Wurfring wird ein wenig hoch geworfen und mit einer Hand in der Luft wieder aufgegriffen, mal fasst die linke, mal die rechte Hand zu.
- Wieder wird der Ring in die Luft geworfen. Wenn er herunterkommt, soll die ganze Hand durchgestreckt werden, sodass der Ring vom Arm aufgefangen wird.
- Ein Stock wird in den Sand oder in eine Wiese gesteckt. Nun gilt es, den Ring aus etwa drei Metern Entfernung über den Stock zu werfen.
- Zwei oder drei Spieler, je zwei Meter voneinander entfernt, werfen sich gegenseitig den Ring zu. Zuvor einigt man sich, wie der Ring gefangen wird: mit der rechten oder linken Hand greifen, über den ausgestreckten Arm oder über ein Stöckchen gleiten lassen, das jeder Spieler in der Hand hält.

Spritzspiel
Eine leere Spülmittelflasche oder Wasserspritzpistole wird mit Wasser gefüllt, dann versuchen die Kinder, mit dem Wasserstrahl Ziele im Freien zu treffen: leere Plastikflaschen, einen Wasserball, einen umgestülpten Eimer.

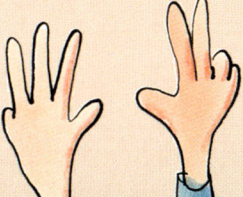
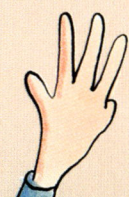

Zielwerfen

Drei leere Eimer liegen nebeneinander, ihre Öffnungen zeigen nach vorne. Die Spieler versuchen, einen Tennisball in einen Eimer zu rollen. Trifft er in den mittleren Eimer, gibt es drei Punkte, beim linken Eimer fünf Punkte, beim rechten einen Punkt.

Zeitungsschlange

Das Kind reißt ein großes Zeitungspapier, am Rand beginnend, so ein, dass eine möglichst lange Schlange entsteht!

Spiegelbilder

Zwei Kinder halten ihre Handflächen so gegeneinander, dass sie sich fast berühren. Ein Kind bewegt seine Hände, während das Gegenüber die Bewegungen gleichzeitig nachmacht – natürlich spiegelbildlich.

Auch Hände und Finger müssen geschickt sein

Hände und Augen: Zusammenarbeit ist wichtig

Eine gute Feinmotorik ist eine wichtige Voraussetzung fürs Schreibenlernen. Mit zunehmendem Alter lernt Ihr Kind, gezielt und geschickt mit seinen Händen und Fingern umzugehen – sofern es dazu Gelegenheit hat. Es lernt beispielsweise, mit einer Schere Papier und Stoff zu schneiden, Knöpfe auf- und zuzuknöpfen, Perlen aufzufädeln. Um solche feinmotorischen Fähigkeiten zu entwickeln, ist ein sorgfältig abgestimmtes Zusammenspiel von Händen und Augen notwendig. Besonders deutlich wird dies beim Schneiden oder Malen.

Nur wenn das Kind mit seinen Augen die Linie verfolgt, führt der Stift oder die Schere auch zum Ziel. Nur wenn Augen und Hände miteinander arbeiten, können Striche und Bögen, Punkte und Kreise, Buchstaben und Zahlen auf Schreiblinien oder in Rechenkästchen stehen, können Formen ausgemalt oder ausgeschnitten werden, ohne dass Stift oder Schere über die Linien gehen. Nicht zuletzt deshalb sollten Sie die Sehkraft Ihres Kindes prüfen lassen. Selbstverständlich gehören zum genauen Arbeiten auch geschickte Hände. Geschickt werden Kinderhände, wenn ihnen immer wieder Gelegenheit zum Arbeiten gegeben wird.

Spielen, Basteln, Malen bereiten aufs Schreiben vor

Bieten Sie Ihrem Kind schon lange, bevor es Schreiben lernt, immer wieder Gelegenheit zum Spielen, Basteln und Malen mit den verschiedensten Materialien. Gerade das Basteln nach eigener Fantasie birgt eine Unmenge von Fördermöglichkeiten in den unterschiedlichsten Bereichen.

Lassen Sie Ihr Kind mit Dosen und mit Schachteln hantieren; hier kann es Deckel und Schraubverschlüsse öffnen und wieder schließen. Auch Konstruktionsspielzeuge, bei denen das Kind mit Schrauben oder Steckverbindungen Neues gestaltet, fördern die Geschicklichkeit. Geben Sie Ihrem Kind Papier, alte Zeitungen oder Kataloge. Damit kann es beim Schneiden, Reißen, Knüllen, Falten, Kleben seine Fingerfertigkeit üben und die verschiedenen Materialien kennen lernen. Ebenso ist freies Malen eine gute Übung fürs spätere Schreiben.

Das motiviert Ihr Kind zu malen

Nicht alle Kinder malen gern. Und meistens fällt genau diesen Kindern später der Umgang mit dem Stift schwer. Schaffen Sie Anlässe, die Ihr Kind motivieren:

- Auf Spaziergängen kann Ihr Kind Materialien zum Basteln sammeln oder Eindrücke mitnehmen – und diese dann zu Hause malen.
- Ihr Kind kann Geschichten, die Sie erzählen, nachmalen. Vielleicht entsteht so ein Bilderbuch. Dazu benötigt man ein paar leere Blätter, die wie ein Buch gefaltet und geklebt oder geheftet werden. Hier klebt das Kind dann seine (ausgeschnittenen) Bilder ein. Vielleicht kritzelt es auch Zeichen (Text) dazu, als wäre es ein „Lesebuch", aus dem es Ihnen dann später „vorlesen" kann.
- Auch das Malen nach Reimen, wie Sie rechts einige finden, motiviert. Verzichten Sie jedoch auf vorgedruckte Malbücher. Sie hemmen die Fantasie eines Kindes. Wenn Ihr Kind Spaß am Ausmalen hat, dann kann es sich auch selbst Muster aufzeichnen und ausmalen – zum Beispiel mithilfe von Dosen oder Gläserdeckeln.
- Wenn Malen Freude machen soll, sind gute Materialien notwendig. Dicke Stifte mit weicher, bruchsicherer Mine erleichtern die „Arbeit". Viel Freude bereitet Kindern auch das Malen mit Wasser- und Fingerfarben und mit Wachsmalkreiden. Besser weniger Farben kaufen, aber Farben von guter Qualität! Gleiches gilt für Pinsel und Kinderschere.
- Und noch etwas motiviert außerordentlich: Loben und ermutigen Sie Ihr Kind. Anerkennung und liebevolle Zuwendung helfen ihm, sein Ziel zu erreichen!

Malreime

Malreime motivieren, mit Stiften spielerisch umzugehen. Die Hand wird quasi durch die Sprüche geführt. Das lockert. Und keiner erwartet dabei vom Kind, dass es ein „schönes Bild" malt.

Die Achterbahn

Die Acht hier, das ist eine Bahn,
auf der ich prima fahren kann.
Als Fahrzeug nehm' ich Wachsmalkreide
und saus' herum, denn das macht Freude.
Zum Schluss hab ich 'ne bunte Acht.
Das Ganze hat viel Spaß gemacht.

Die goldene Sonne

So rund ist meine Sonne,
goldgelb ihr Angesicht.
Ich male ihr noch Strahlen,
so wärmt sie dich und mich.

Das Haus der Maus

In diesem Haus lebt eine Maus.
Und hier läuft sie heraus.

Eine Katze für den Franz

Ein runder Kreis, das ist der Kopf.
Zwei Dreiecke auf diesen Schopf,
schon siehst du ihre Ohren,
damit wurd' sie geboren.
Einen ovalen Bauch, ein runder tut's auch,
mal ich noch dran, schau's dir nur an.
Beine hat die Katze vier,
die siehst du deutlich hier.
Jetzt hinten noch der Schwanz –
das ist die Katze für den Franz.

Schreiben und Lesen braucht Vorbereitung

Erste Versuche sind erlaubt

Viele Sechsjährige interessieren sich schon vor der Einschulung für Buchstaben und Zahlen. Sie wollen wissen, was auf Schildern geschrieben steht, wo sich der Name an der Hausklingel befindet oder was die großen Zeichen auf den Plakaten bedeuten. Das heißt aber noch lange nicht, dass ein Kind bereits vor Schulbeginn Schreiben und Lesen lernen sollte.

Niemand erwartet von einem sechsjährigen Kind, dass es seinen Namen oder Buchstaben und Zahlen schreiben kann. Es gibt jedoch Kinder, die ihre Eltern regelrecht auffordern, ihnen das Schreiben beizubringen. Wenn dies bei Ihnen der Fall ist, so gehen Sie darauf ein. Vielleicht möchte Ihr Kind ja seinen Namen schreiben können, um gemalte Bilder zu kennzeichnen. Schreiben Sie ihn in großen Druckbuchstaben möglichst deutlich und groß auf. Zum Nachahmen geben Sie dem Kind ein Blatt, auf dem es viel Platz hat, um die Buchstaben zu verteilen. Wenn der eine oder andere Buchstabe anfangs spiegelverkehrt erscheint, ist das völlig normal und solange das Kind damit zufrieden ist, sollten Sie es auch dabei belassen und weder kritisieren noch korrigieren. Freuen Sie sich, wenn Ihr Kind in „Kritzelschrift" kleine Briefe schreibt. Lassen Sie sich diese Briefe „vorlesen" und erkennen Sie auch dieses Schreiben als Leistung an. Es sind erste Schreibversuche und sie fördern die Feinmotorik.

Wecken Sie Interesse am Lesen

Gerade in einer Zeit, in der Fernsehen, Computer oder Kassetten und CD dominieren, fällt es vielen Eltern schwer, ihre Kinder für ein Buch zu begeistern. Doch jeder Lehrer wird Ihnen bestätigen, dass gerade die Kinder ohne Schwierigkeiten Lesen lernen und Freude am Lesen haben, die schon im Kindergartenalter kleine Bücherwürmer waren. Hier ein paar Hinweise, wie Sie Freude am Lesen wecken können:

- Zeigen Sie, dass Sie sich für Zeitungen, Zeitschriften und Bücher interessieren und Freude daran haben bzw. wichtige Informationen daraus erhalten.
- Lesen Sie laut das eine oder andere aus der Tageszeitung vor (die Wettervorhersage, Geschichten von der Kinderseite, Reiseberichte ...)
- Machen Sie auf die vielen täglichen „Lese-Gelegenheiten" aufmerksam: Etiketten auf der Saftflasche, Prospekte, Programmzeitschriften, Kochrezepte, Beipackzettel von Medikamenten, Gebrauchsanweisungen, Telefonbuch, Fahrpläne etc. So erfährt Ihr Kind den Nutzen des Lesens.
- Schreiben Sie Ihren Einkaufszettel laut und lesen Sie anschließend vor, was Sie einkaufen wollen.
- Lesen Sie Werbeplakate, Namen und Zahlen an Haltestellen, Straßen- und Firmennamen vor.
- Besuchen Sie Buchhandlungen, die oft gemütliche Kinderbuchecken bieten; gehen Sie regelmäßig in eine Leihbücherei und lassen Sie Ihr Kind ebenfalls ein Buch auswählen.

Tipps zum richtigen Vorlesen

- Suchen Sie sich einen gemütlichen Platz zum Vorlesen aus. So verbindet das Kind mit dem Lesen angenehme, wohlige Gefühle.
- Verbieten Sie Ihrem Kind nicht, während des Vorlesens Fragen zur Geschichte zu stellen.
- Erklären Sie Wörter aus dem Text, die das Kind nicht kennt.
- Nehmen Sie sich möglichst die Zeit, bei einzelnen Teilen zu verweilen, wenn Sie merken, dass sich Ihr Kind ganz besonders dafür interessiert.
- Bei kurzen Texten sollten Sie die Wörter mit dem Finger verfolgen. So erkennt Ihr Kind mit der Zeit den Zusammenhang zwischen gesprochenem und geschriebenem Wort. Außerdem wird es sich an die Blickrichtung von links nach rechts gewöhnen.
- Nur im Umgang mit Büchern lernt Ihr Kind, was Ihnen selbstverständlich ist: was bei einem Buch vorne und hinten ist; wie man darin blättert; dass es groß und klein gedruckte Textstellen gibt; dass man anhand des Inhaltsverzeichnisses oder Registers schnell eine bestimmte Seite im Buch finden kann etc.

Ihr Kind ist Linkshänder? Kein Problem!

Wenn Eltern ihr Kind beim Basteln oder Malen beobachten und entdecken, dass es mit der linken Hand arbeitet, erschrecken sie oftmals darüber, denn Linkshändigkeit gilt leider hier und da immer noch als Handikap, das durch „Erziehung" verändert werden muss. Gerade das sollte aber auf keinen Fall erfolgen.

Linkshändigkeit ist kein Problem und hat auch nichts mit minderer Intelligenz oder Ungeschicklichkeit zu tun! Wird versucht, ein Kind auf rechts zu trimmen, so kann dies fatale Folgen für seine Entwicklung und das Schreiben und Lernen in der Schule haben.

Links- und Rechtshändigkeit – angeboren oder anerzogen?

Zur Zeit gehen Experten davon aus, dass Linkshändigkeit mit größter Wahrscheinlichkeit angeboren ist. Das menschliche Großhirn besteht aus zwei Hälften. Auf einfache Weise könnte man sagen: Die linke Gehirnhälfte ist zuständig für die Funktionen der rechten Körperhälfte, die rechte Gehirnhälfte für die der linken. Der linken Hirnhälfte sind Funktionen wie logisches Denken, Arbeiten mit Zahlen, Mengen und Begriffen oder das Sprechen zugeordnet.

Die rechte Hirnhälfte ist zuständig für ganzheitliches Denken, Raumorientierung, künstlerische Fähigkeiten, Einsicht und Einbeziehung von Gefühlen und Empfindungen sowie für Fantasie und Intuition. Selbstverständlich gibt es hier jedoch individuelle Varianten und Verknüpfungen.

So hat auch jeder Mensch eine dominante Gehirnhälfte. Vermutlich steht bereits vor der Geburt fest, ob die rechte oder linke Gehirnhälfte für die Steuerung der „Handarbeiten" zuständig ist. Das heißt, Linkshändigkeit ist eine natürliche Vorgabe.

Überprüfen Sie die Händigkeit Ihres Kindes

Was macht Ihr Kind spontan mit der linken oder der rechten Hand? Beobachten Sie es über einen längeren Zeitraum immer wieder bei folgenden Tätigkeiten:

- wenn es Perlen auf eine Schnur auffädelt;
- wenn es mit Farbstift, Schere und Pinsel hantiert;
- wenn es sich die Zähne putzt;
- wenn es die Tür öffnet;
- wenn es kleine Bälle wirft;
- wenn es kleine Gegenstände aufhebt;
- wenn es kleine Wäschestücke aufhängt.

Ein „echter Linkshänder" wird bei allen Tätigkeiten, die Geschick oder Schnelligkeit, Kraft oder Ausdauer fordern, die linke Hand benutzen.

Es ist wichtig zu wissen, ob ein Kind tatsächlich Linkshänder ist, damit dies auch akzeptiert wird. Im Zweifelsfall kann ein Schulpsychologe die Händigkeit Ihres Kindes durch differenzierte Tests prüfen.

Umprogrammierung ist Dauerstress

Auch wenn Gebrauchsgegenstände, Maschinen und technische Geräte für Rechtshänder geschaffen sind, muss Linkshändigkeit nicht zum Problem werden. Es wird aber mit Sicherheit eines, wenn das linkshändige Kind auf rechts trainiert wird, da weiterhin die rechte Gehirnhälfte dominiert. Durch das falsche Training ergibt sich eine Überbelastung der nicht dominanten Hirnhälfte. Fast könnte man sagen, es entsteht ein „Wackelkontakt" in der Leitung zwischen Gehirn und ausführendem Organ. So eine Umprogrammierung kann zu Störungen oder Auffälligkeiten führen wie etwa:

- Konzentrationsstörungen,
- Gedächtnisstörungen,
- schnelle Ermüdung beim Denken,

- Störungen in der Feinmotorik (zeigt sich in der Schule in einer eckigen Schrift, die als unsauber oder unschön beurteilt wird),
- Unsicherheit bei der Unterscheidung von links und rechts,
- Sprachstörungen, die zum Stottern führen können.

Das macht den Schulstart für Linkshänder leichter

Ein Kind wird wegen seiner Linkshändigkeit nicht mehr oder weniger Probleme in der Schule haben als seine rechtshändigen Klassenkameraden. Dennoch können folgende Tipps zu Beginn helfen:

- Wenn die Lehrer von der Linkshändigkeit wissen, werden sie beim Schreibenlernen besonders darauf eingehen. Das ist notwendig, da beim linkshändigen Kind die Blickrichtung von rechts nach links verläuft. So kommt es anfangs noch vor, dass es Wörter von hinten (von rechts) zu lesen oder auch zu schreiben beginnt. Mit der Zeit verliert sich dies aber in der Regel.
- Oft gewöhnen sich Kinder schon vor der Einschulung eine schlechte Handhaltung an. Wenn das Kind von oben malt oder schreibt, verkrampft die linke Hand schnell, da es immer darauf achten muss, nichts zu verwischen. Und die Hand ist dabei stets etwas geknickt, was bei steigender Geschwindigkeit anstrengend wird. Am besten malt und schreibt das Kind deshalb von unten und nicht von oben. Und zwischendurch sollte immer ein wenig Zeit für Lockerungsübungen bleiben.
- Das Kind benötigt zum Malen, Schreiben und Schneiden spezielle Geräte, die problemlos zu besorgen sind. Anfangs eignet sich ein dicker Dreieckstift besonders gut zum Malen und Schreiben. Später sollte das Kind dann einen Linkshänderfüller haben.
- Damit das Kind das, was es malt oder schreibt und die Schreiblinie gut sehen und verfolgen kann, fasst es den Stift am besten weiter oben an. Das Ende des Stiftes sollte beim Schreiben zur linken Schulter zeigen.

- Die Klassenlehrerin oder der Klassenlehrer sollte bei der Platzverteilung darauf achten, dass ein linkshändiges Kind an der linken Tischseite und ein rechtshändiges an der rechten Tischseite sitzt, damit die Arme der beiden beim Schreiben nicht aneinander stoßen.
- Die richtige Blattposition ist beim Schreiben ebenfalls von Bedeutung. Das Heft oder das Blatt sollte leicht schräg liegen, und zwar die linke Ecke des Blattes etwas höher als die rechte. Die linke Hand des Kindes liegt unter der Schreiblinie. Bei den Hausaufgaben kann ein farbiger Klebestreifen auf dem Arbeitstisch die richtige Lage des Blattes markieren und dem Kind so helfen, sich an die richtige Schreibrichtung zu gewöhnen.
- Das Licht am Arbeitstisch sollte von rechts kommen – genauso wie beim Rechtshänder von links.
- Bilder zum Abmalen oder Texte zum Abschreiben immer rechts hinlegen, damit sie nicht von der Arbeitshand verdeckt werden.
- Schon vor Schulbeginn sollten Sie zu Hause darauf achten, dass Ihr Kind beim Malen das Blatt und den Stift in richtiger Position hält. Da Linkshänder automatisch dazu

neigen, ihren Blick auf dem Papier von rechts nach links zu wenden, beginnen sie oft auch so zu schreiben und die Buchstaben ergeben dann nur rückwärts gelesen einen Sinn. Gerade dies aber soll mit der richtigen Position vermieden werden.

Sprache lernen heißt: Sprache sprechen, erleben, begreifen

Gerade zu Beginn des ersten Schuljahres ist das Kind auf sein Sprachverständnis und Sprechvermögen angewiesen: Es muss Arbeitsanweisungen und Fragen verstehen, Antworten und Fragen mündlich formulieren, bevor es ans Schreiben derselben geht.

Doch wie soll ein Kind Fragen beantworten, wenn es nicht verstanden hat, worum es sich handelt? Später macht sich das Sprachvermögen auch beim Lesen (Textverständnis) und beim Schreiben (schriftliche Ausdrucksfähigkeit) bemerkbar: Ein Kind, das die Sprache beherrscht, versteht den gelesenen Text schneller und kann sich beim Schreiben besser ausdrücken. Gründe genug also, um sein Kind in diesem Bereich zu fördern.

So fördern Sie die sprachliche Entwicklung Ihres Kindes

Schaffen Sie „Sprechzeiten"

- Richten Sie mindestens eine gemeinsame Mahlzeit pro Tag ein, bei der alle miteinander ins Gespräch kommen. Doch vermeiden Sie es während des Essens, Themen anzusprechen, die unangenehm oder belastend sein können. Nach dem Essen finden sich bestimmt ein paar Minuten Zeit, um über Probleme zu reden.

- Seien Sie Vorbild und berichten Sie, wie Ihr Tag gelaufen ist oder wie Sie die eine oder andere Situation empfunden haben, was Ihnen gefallen oder was Sie geärgert hat.

- Suchen Sie Gelegenheiten, mit Ihrem Kind zu sprechen, beispielsweise beim gemeinsamen Tischdecken, beim Geschirrspülen, bei Autofahrten ...

- Reduzieren Sie den Fernseh- oder Videokonsum Ihres Kindes. 30 Minuten pro Tag reichen vollkommen für Kinder im Vorschulalter aus und gewiss muss auch nicht jeden Tag Fernsehen geschaut werden.

- Unterhalten Sie sich mit Ihrem Kind über das, was es im Fernsehen gesehen, im Kindergarten, bei Freunden, auf dem Nachhauseweg erlebt hat.

- Anstatt Geschichtenkassetten laufen zu lassen, erzählen Sie lieber mal eine Geschichte. Lesen Sie regelmäßig Geschichten vor, langsam und deutlich. Sprechen Sie gemeinsam darüber. Stellen Sie Fragen dazu.

- Betrachten Sie mit Ihrem Kind Bilderbücher. Lassen Sie das Kind erzählen, was es darin zu sehen gibt.

- Erfinden Sie mit dem Kind eigene Geschichten, kleine Reime oder Rätsel.

- Fördern Sie den Kontakt zu anderen Kindern, das gemeinsame Spiel im Zimmer oder im Freien.

- Spielen Sie „Auf – unter – über" und geben Sie sich gegenseitig Befehle: „Setze dich auf die Fensterbank." – „Krieche unter das Sofa." – „Halte deine Hand neben das Kerzenlicht." – „Lege das Kissen auf deinen Kopf, unter deinen Po, zwischen deine Beine." ... Schwieriger wird es, wenn mehrere Befehle gleichzeitig ausgeführt werden sollen: „Setze dich auf das Sofa, das Kissen zwischen den Beinen, die rechte Hand auf dem Kopf ..." Spielen Sie mit! Lassen auch Sie sich von Ihrem Kind „Befehle" erteilen.

Sinneserfahrungen sind wertvoll

Geben Sie Ihrem Kind immer wieder Gelegenheit, Dinge sinnlich zu erfahren, und sprechen Sie darüber. Bei der Essenszubereitung lassen Sie es probieren und beschreiben, wie das eine oder andere schmeckt, aussieht oder sich anfühlt. Beim Basteln kann es selbstständig mit verschiedenen Materialien arbeiten und diese erproben: „Wie fühlt sich der Stoff an?" – „Was kann ich mit Papier anfangen?" – „Was passiert, wenn ich im Wasserbecher blaue und gelbe Farbe mische?"

Wenn das Kind „seine Welt" mit allen Sinnen wahrnimmt, erfährt es beispielsweise, dass Papier nicht nur raschelt, sondern auch knistert; dass Wasser nicht nur fließt, sondern auch rauscht und brodelt, blubbert und sprudelt ... Wenn das Kind differenzierte Erfahrungen macht, kann es im Laufe der Zeit auch differenziert beschreiben, was da vor sich geht. Es sucht nach Ausdrücken für das, was es erlebt, beobachtet, sieht und spürt. Gehen Sie auf seine Beobachtungen ein, liefern Sie ihm die richtigen Wörter für das, was es erfährt. Kommentieren auch Sie – nicht dauernd, aber immer wieder mal –, was Sie gerade machen, beobachten, spüren.

Das können Sie tun, wenn Ihr Kind Wörter verdreht oder schlecht ausspricht

Manchmal mag es ja zum Lachen sein, wenn ein Kind statt „Anorak" „Annarock" sagt. Für das Kind ist dies auf Dauer keineswegs lustig. Und es wird auch nicht angespornt, richtig zu sprechen, wenn sich andere „lustig machen". Vermeiden Sie solche Reaktionen, doch stellen Sie Ihr Kind auch nicht bloß, indem Sie es auffordern: „Wie heißt das? Sag das mal richtig." Damit bringen Sie ein Kind in Verlegenheit. Es schweigt dann und verliert die Freude, sich mitzuteilen. Wenn Ihr Kind erzählt und dabei das eine oder andere Wort falsch ausspricht, sollten Sie es nicht unterbrechen. Das Kind bekommt so zu Recht den Eindruck, dass Sie weniger auf den Inhalt seines Berichtes als auf die richtige Aussprache achten. Wenn Sie allerdings nicht verstehen, was es sagen will, dann fordern Sie es freundlich auf: „Erzähle es mir noch einmal, ganz langsam. Ich konnte nicht alles verstehen." Jedes Kind ist dann gewillt, es noch einmal zu probieren, denn es will verstanden werden.
Hat Ihr Kind große Schwierigkeiten beim Sprechen, wiederholen Sie das, was es mitteilen wollte, einfach richtig. Kind: „Mama, tann is jetz pielen gehn." – Mutter: „Ja, du kannst jetzt spielen gehn." – Kind: „Tommst du mit?" –

Mutter: „Ob ich mitkomme? Nein, heute komme ich nicht mit." Das Kind spürt so, dass Sie sich für das, was es erzählt, interessieren und kann dann aus Ihrem Beispiel lernen. Sprechen Sie selbst deutlich und in vollen Sätzen. Erzählen Sie mit klarer Sprache immer wieder Geschichten, sagen Sie Reime oder stellen Sie Rätsel.

Rätsel, Reime, Geschichten

Kleine Gedichte und Reime, Rätsel und Fingerspiele fördern die Freude an der Sprache. Fünf- oder Sechsjährige sind zudem an Zungenbrechern wie „Fischers Fritze fischt frische Fische" interessiert. Genauso eignen sich Kinderlieder zur Sprachförderung. Auch Endlos-Geschichten sind anregend: „Es war einmal ein Mann, der hatte sieben Söhne. Und die sieben Söhne sprachen: ,Vater, erzähl uns eine Geschichte!' Da fing der Vater an: ,Es war einmal ein Mann …'"
Haben Sie wenig Zeit, nutzen Sie Wartezeiten beim Arzt oder die Zeit vor dem Schlafengehen für „Wortspielereien". Zunächst wird Ihr Kind den Rätseln, Reimen, kleinen Geschichten und Fingerspielen nur lauschen, doch bald wird es mitsprechen und irgendwann seinem Plüschtier, einem Freund oder Ihnen das Gehörte erzählen können. Spielerisches Sprechenlernen macht allen Kindern Spaß. Und auch hier wird nicht allein die Sprache gefördert: Das Kind trainiert sein Gedächtnis und übt, sich zu konzentrieren. Es erfährt Zuwendung und Nähe. Auf Ihrem Schoß kann es Körperkontakt und wohlige Nähe erleben. Dies schenkt ihm Geborgenheit und Sicherheit, was das Kind wiederum in seiner Persönlichkeit stärkt.

Morgenmuffel-Muntermacher

Vielleicht wird dieser „Morgenmuffel-Munterma-
cher" zum Ritual nach dem Aufstehen. Begleiten Sie
das Gedicht mit Bewegungen. Beim ersten oder
zweiten Mal wird Ihr Kind vielleicht nur zuschauen,
am nächsten Morgen spielt es dann wohl schon mit
und irgendwann spricht es auch das Gedicht.

Ein langer Weg geht hier entlang.
(Beide Arme gerade nach vorne strecken.)
Darüber ein Steg, sooo breit – sieh an!
(Die Arme zu den Seiten hin ausbreiten.)
Darunter fließt ein stiller Bach.
(Mit den Händen den Boden berühren.)
Und hoch im Baum die Sonne lacht.
(Die Arme in die Höhe strecken.)
Sie glitzert hell im großen See.
(Die Arme gestreckt um sich herumführen.)
Jetzt bin ich wach – juchhe!
(Auf der Stelle fröhlich hüpfen.)

Rätselreime

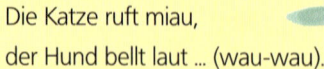

Eins und eins macht zwei.
Die Henne legt ein ... (Ei).

Die Katze ruft miau,
der Hund bellt laut ... (wau-wau).

Hoch über der Schule aus Beton
fliegt ein blauer Luft... (ballon).

Wir laufen ohne Schuh und Strümpfe,
durchs nasse Gras bis in die ... (Sümpfe).

Die Dornen von der Rose
pieken mich durch meine ... (Hose).

Aus diesem großen Brett
macht der Schreiner mir ein ... (Bett).

Rätselspaß

- Rätsel fördern den Wortschatz und die Wahrnehmung.
- Rätsel zeigen, dass mit verschiedenen Wörtern ein und
derselbe Gegenstand gemeint sein kann. Die zwei Rätsel
unten haben beide die gleiche Lösung.
- Das Kind entwickelt beim Rätseln geistige Aktivität und
Beweglichkeit. Rätsel raten und anderen Rätsel stellen,
Bezeichnungen und Umschreibungen suchen, das weckt
die Fantasie, regt das Denken an und macht die Vielfalt
der Sprache bewusst.
- Rätsel regen das Kind zum Denken in Bildern an und
erfordern aufmerksames Zuhören und Ausdauer.

Welcher seltsame Riese
steht ganz in Weiß auf der Wiese?

Wie heißt der weiße Mann,
der sich niemals wärmen kann?

Unsinn

Mit dem folgenden Unsinn-Vers können Sie Ihr Kind
morgens verabschieden oder auch entscheiden, wer
den Tisch deckt ...

Ene, meine, minke, pinke,
fade, fude, rollke, tollke,
wiggel, waggel, weg!

Wer Zahlen und Mengen begreift, lernt leichter Rechnen

Schulanfänger bringen unterschiedliche Vorkenntnisse mit. Manche können gerade mal bis zehn zählen, andere sagen Zahlen bis hundert und sogar kleine Gleichungen auf. Doch zählen bedeutet noch lange nicht rechnen können. Deshalb beginnt man in der Schule damit, die Zahlen bis 20 einzuführen.

Wenn Ihr Kind im Umgang mit Zahlen und Mengen noch unsicher ist, so ist das gewiss kein Grund zur Sorge. Mit sechs Jahren sollte Ihr Kind lediglich bis zehn oder 20 zählen können und die Menge der Punkte auf einem Würfel, eventuell auch die Ziffern auf einer Uhr erkennen. Zahlen schreiben und damit rechnen lernt Ihr Kind in der Schule und so soll es auch bleiben. Dennoch können Sie viel tun, damit dem Kind später das Rechnen leichter fällt.

Zwillinge, Vierlinge und mehr

Die Aufgabe besteht darin, im Kinderzimmer oder in der Küche Gegenstände zu suchen, die zwei Mal, vier Mal oder gar sechs Mal vorhanden sind: zwei Stühle am Tisch, vier Platten auf dem Herd, sechs Löffel in der Schublade ...

Zahlen mit allen Sinnen begreifen

Bevor Ihr Kind Zahlen und Mengen begreifen und mit ihnen eigenständig umgehen kann, muss es sie immer wieder mit seinen Sinnen erleben oder mindestens mit seinen Händen greifen. Diese Erfahrung lässt sich leicht und auf spielerische Weise im Alltag verwirklichen. Geben Sie dazu Ihrem Kind konkrete Aufträge.

Hier ein Beispiel, wie Ihr Kind die Zahl Vier sehen, hören und fühlen kann:

- Das Kind sucht aus seinen Bausteinen vier blaue, vier rote und vier weiße Steine heraus.
- Beim „Mensch, ärgere dich nicht" entdeckt es auf dem Würfel vier Punkte und geht vier Felder vor.
- Bei dem Spiel „Wie viele Schritte darf ich gehen?" geht es vier große und vier kleine Schritte vorwärts.
- Sie tippen dem Kind vier Mal mit dem Finger auf den Rücken und es klatscht genauso oft auf Ihre Hände.
- Mit geschlossenen Augen holt es vier Nüsse aus der Schale und Ähnliches.

Zählvers

Eins, zwei, drei, vier,
ich trinke niemals Bier.
Fünf, sechs, sieben, acht,
ein Hund hält bei uns Wacht.
Neun, zehn, elf, zwölf,
im Wald heulen die Wölf'.

Wie viele Finger fühlst du?

Komm mal her und sage mir,
wie viele Finger fühlst du hier?
Hier können auch Nüsse, Rosinen oder Knöpfe auf den Tisch gelegt werden. Das Kind fühlt mit geschlossenen Augen.

Auch die folgenden kleinen Aktionen fördern das Mengen- und das Zahlenverständnis:

- Einen Würfel aus Knete formen und mit einem Stift Punkte eindrücken.
- Eine bestimmte Menge Obst in den Korb legen (bis zehn).
- Beim Wäscheaufhängen drei, vier oder sechs Klammern reichen.
- Für eine Perlenkette zwei rote, drei blaue und eine grüne Perle auffädeln.
- Beim Basteln zehn Nüsse vergolden oder ein Papier in drei etwa gleich breite Streifen schneiden.
- Für einen Pfannkuchenteig drei Eier, zwei Tassen Milch und vier Tassen Mehl bereitstellen.
- Bonbons mit den Freunden selbstständig und gleichmäßig verteilen.
- Einen Apfel vierteln.
- Sechs geschälte Kartoffeln halbieren.
- Eine Scheibe Brot in vier etwa gleich große Teile schneiden.
- Aus mehreren Brettern das kürzeste heraussuchen.
- Einen Pullover aus der dritten Schublade von oben herausholen.
- Auf den vierten Klingelknopf von unten zeigen.
- Zählen, wie viele Leute im Supermarkt an der Kasse stehen; wie viele Schuhe im Regal sind und wie viele davon Mama gehören ...
- Geldmünzen aus dem Portemonnaie sortieren. Wie viele gibt es von jeder Sorte?

Solche Erfahrungen und Eindrücke helfen dem Kind später, sich Dinge vorzustellen. Damit ist der erste Schritt zur Abstraktion getan. Und nichts anderes ist ja später das Rechnen.

So wird aus drei roten und zwei blauen Perlen einmal die Ziffernrechnung 3 + 2 = 5. Und aus sechs Kartoffeln, die halbiert werden, wird die Abstraktion 6 x 2 = 12. Zunächst alles noch schriftlich, dann losgelöst von den Ziffern ganz und gar in der Vorstellung beim „Kopfrechnen".

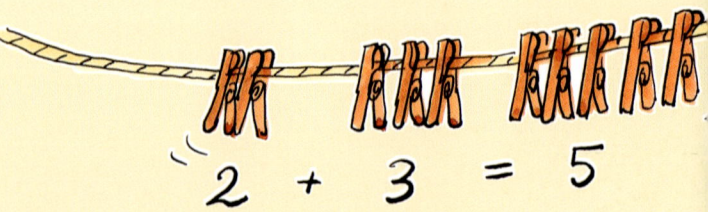

Zahlen spielerisch erleben

Stumm gezählt

Die Spieler sitzen um einen Tisch. Einer klopft mehrmals auf den Tisch oder klatscht in die Hände. Die anderen müssen in Gedanken mitzählen und die Anzahl durch Hochstrecken der Finger anzeigen. Wer zuerst die richtige Zahl zeigt, ist in der nächsten Runde der Klopfer oder Klatscher. Bei diesem Spiel darf nicht gesprochen werden!

Zeig die Zahl

Ein Kind sitzt vorgebeugt auf einem Stuhl. Ein anderes klopft ihm mit der flachen Hand fünf Mal auf den Rücken. Dann muss das Kind auf dem Stuhl sagen und mit den Fingern zeigen, wie oft geklopft wurde.

Vorwärts oder rückwärts

Ein Kind wählt ein anderes aus, nennt ihm eine Zahl zwischen zwei und neun und fügt „vorwärts" oder „rückwärts" hinzu. Zum Beispiel: „Fünf rückwärts!" Das zweite Kind beginnt zu zählen: „Fünf, vier, drei, zwei, eins." Hat es seine Aufgabe richtig gelöst, nennt es dem Nächsten eine Zahl. Ansonsten nennt das erste Kind ihm oder einem anderen eine neue Zahl.

Eine Zahlengeschichte

Ein Erwachsener oder ein älteres Kind erzählt eine Geschichte; darin sollen möglichst oft Zahlen von eins bis zehn vorkommen. Bei jeder Zahl müssen die Zuhörer entsprechend viele Finger hochstrecken. Wer es vergisst oder sich verzählt, gibt ein Pfand ab. Nach der Geschichte kann ein Zahlenpfandspiel folgen: „Tupp, tupp, tupp, was soll der tun, dem dieses Pfand gehört?" – „Fünf Mal in die Höhe springen!" Oder: „Vier Mal die Treppen rauflaufen!"

Zahlen würfeln

Die Spieler sitzen im Kreis. Jeder hat eine Schale mit etwa 30 Rosinen oder Nüssen. Nun wird reihum gewürfelt und jeder legt die entsprechende Menge Rosinen oder Nüsse in die Mitte. Danach wird verglichen: Wer die höchste Punktezahl hat, darf sich die Rosinen oder Nüsse aus der Mitte nehmen – und naschen! Selbstverständlich kann er seinen Gewinn auch teilen! Schwerer wird das Spiel mit zwei Würfeln. Dann muss jeder seine Punkte zusammenzählen ...

Knopfspiel

Jedes Kind hat einen Teller mit 30 Knöpfen, Bohnen, Steinchen oder Ähnlichem, außerdem drei Bierdeckel oder kleine Pappteller. Ein älteres Kind oder ein Erwachsener nennt dem ersten Kind drei Zahlen zwischen eins und zehn: „Zwei – sechs – acht." Diese stehen auch auf kleinen Pappkarten, die verdeckt in der richtigen Reihenfolge vor das Kind gelegt werden. Ohne die Zahlen nochmals zu hören, soll das Kind entsprechend viele Knöpfe auf seine Bierdeckel legen: auf den ersten zwei, auf den zweiten sechs, auf den dritten acht. Jetzt darf das Kind die Zahlenkärtchen umdrehen und kontrollieren.

Plätzetausch

Auf dem Tisch stehen fünf Teller in einer Reihe. Auf jedem liegt ein Gegenstand (Klammer, Stift, Spitzer, Nuss ...). Das Kind, das an der Reihe ist, erklärt: „Auf dem ersten Teller liegt der Spitzer, auf dem zweiten die Nuss, auf dem dritten ..." Nun schließt es die Augen und ein anderer Spieler vertauscht die Plätze zweier Gegenstände.
Jetzt soll das Kind erkennen, was wo liegt: „Der Spitzer liegt jetzt auf dem zweiten Teller, die Nuss auf dem ersten." Schwieriger wird es, wenn drei oder vier Dinge ihren Teller wechseln. Beim Spiel in einer Gruppe können auch Kinder ihre Plätze tauschen.

Mengen ertasten

In einem Körbchen liegen acht Nüsse. Ein Kind hält die Augen geschlossen, während ein anderes Nüsse auf ein Tablett legt. Das Kind mit den geschlossenen Augen soll ertasten, wie viele Nüsse auf dem Tablett sind. Jeder hat drei Versuche.

Die verbotene Zahl

Alle zählen laut von eins bis zehn und klatschen bei jeder Zahl entsprechend oft in die Hände, strecken die Arme hoch oder gehen in die Hocke. Sind die Kinder in der Zahlenreihe sicher, kann das eigentliche Spiel beginnen. Die Spieler verabreden, dass zum Beispiel fünf die verbotene Zahl ist. Nun wird wieder gezählt und geklatscht, aber nicht bei fünf. Wer die Zahl dennoch nennt oder klatscht, scheidet aus oder gibt ein Pfand ab. Genauso kann man vereinbaren, dass nur bei dieser Zahl geklatscht wird, dass sowohl vorwärts als anschließend auch rückwärts gezählt wird oder zwei Zahlen als verboten gelten.

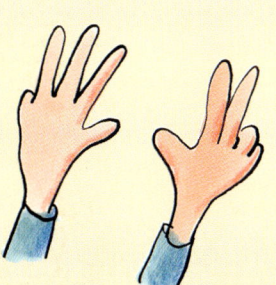
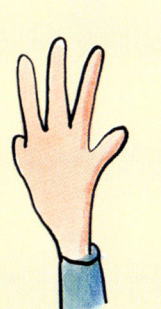
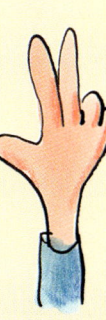
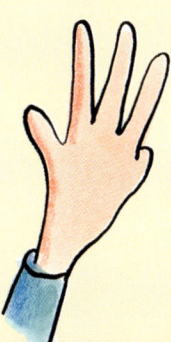

Konzentration: mit allen Sinnen bei der Sache

Wir wissen, dass in der Schule Konzentration und Ausdauer gefordert werden und mit zu den wichtigsten Grundlagen gehören. Leider klagen die meisten Lehrer, dass viele Schüler sich nicht mehr ausreichend konzentrieren können. Doch nicht nur Kindern, auch Erwachsenen fällt es immer schwerer, sich zu konzentrieren. Denn oft sind wir sogar gezwungen, uns gleichzeitig auf verschiedene Dinge einzulassen. Kindern geht es ähnlich: Die Reiz- und Informationsflut um sie herum ist groß und sie stehen dem hilflos gegenüber. Die Ermahnung allein „Nun konzentriere dich doch mal!" hilft nicht. Während sie malen oder basteln, legen sie eine Hörspielkassette ein, wollen etwas zu knabbern haben, kommen gelaufen, um zu wissen, wer da gerade anruft oder an der Tür klingelt und anderes mehr. Nicht selten fordern wir auch von ihnen bei ihren Spielen, dass sie noch an dieses oder jenes denken oder schnell die eine oder andere Aufgabe erledigen. Nervosität, Unausgeglichenheit, Gereiztheit und Erschöpfung werden zu Begleiterscheinungen mangelnder Konzentration.

Konzentration heißt:

- Aufnahmebereitschaft
- gesteigerte Aufmerksamkeit
- geschärfte Sinne
- geordnete und zielgerichtete Gedanken und Gefühle
- vernetztes Denken
- Speichern von Informationen
- Lernen auf verschiedenen Ebenen

Machen Sie Ihr Kind neugierig

Wollen Sie die Konzentrationsfähigkeit Ihres Kindes fördern, so bieten Sie ihm Spiele und Erfahrungswelten an, die es sinnlich erleben kann:

- Lassen Sie Ihr Kind im Freien spielen und toben. Sorgen Sie für Bewegung, frische Luft, ausreichend Schlaf.
- Nehmen Sie für kürzere Wege mit Ihrem Kind möglichst nicht das Auto, sondern gehen Sie zu Fuß. Nutzen Sie den Weg zum Kindergarten oder zum Spielplatz für intensive Beobachtungen: Was ist da zu hören? Motorengeräusche von Autos, von Mopeds, Lastwagen, Flugzeugen; Hupen; Vogel- und Menschenstimmen; Türen schlagen; Hundegebell ... Sehen Sie sich um, was es zu entdecken gibt. So könnten Sie an einem Tag – auch für wenige Minuten nur – Ausschau halten, ob irgendwo schon der Frühling oder der Herbst zu entdecken ist; oder Sie lassen Ihr Kind nach einem glatten, hellen Stein suchen, nach Menschen, die ein rotes Kleidungsstück tragen, und anderes mehr. Machen Sie einen „Schnupperspaziergang" und entdecken Sie gemeinsam die vielen unterschiedlichen Gerüche in den Geschäften, auf dem Markt, auf den Wegen und Straßen.
Reden Sie über Ihre Entdeckungen.
- Beim gemeinsamen Essen lässt sich hin und wieder eine Rätselrunde einlegen: „Schließe die Augen und schmecke einmal, was auf deinem Teller liegt."

Eine weitere Möglichkeit, die Konzentration zu fördern, sind Gesellschaftsspiele – auch das klassische „Mensch, ärgere dich nicht" oder Memory.

Fällt es dem Kind noch schwer, ein Spiel ganz durchzuhalten, dann kürzen Sie gleich zu Beginn: Nehmen Sie zwei statt vier Männchen beim „Mensch, ärgere dich nicht" oder statt 40 Memorykarten nur 20 – aber spielen Sie zu Ende. Ähnliches gilt für später: Bei Hausaufgaben bringen zehn Minuten konzentriertes Arbeiten eher Erfolg als 40 Minuten voller Missmut.

Weniger ist mehr

Damit ein Kind später konzentriert lernen kann, müssen wir schon vorher gute Bedingungen für konzentriertes und ausdauerndes Spielen schaffen. Ein ständiger Geräuschpegel oder gar Lärm, Stress und auch Unordnung lenken das Kind ab.

Hier gilt: Weniger ist mehr. Und das bedeutet, mehr Ruhe statt Aktion in unserem oft hektischen Alltag und sich auf kleine, wenige Dinge zu beschränken lernen. Ruhe und Ordnung im Zimmer wie im Tagesablauf verbessern die Spiel- und Lernbedingungen.

- Ein zu großes Spielzeugangebot überfordert und lenkt ab: Räumen Sie hin und wieder gemeinsam Spielsachen aus dem Zimmer.
- Geben Sie den vorhandenen Materialien einen festen Platz: Bilderbücher in eine Holzkiste oder ins Regal; Perlen und Schnüre in eine Dose; Bauklötze in einen Kasten ...
- Auch übervolle Wände lenken ab: In Räumen, die Ruhe ausstrahlen, können die Gedanken Ihres Kindes besser zur Ruhe finden.
- Schenken Sie Ihrem Kind Spielzeit und unterbrechen Sie es nicht ständig in seinem Spiel.

- Achten Sie darauf, dass Ihr Kind immer wieder Rückzugsmöglichkeiten hat, um in Ruhe zu spielen, etwas zu betrachten oder einfach nur zu träumen. Es muss nicht ständig etwas unternommen werden.
- Auch Rituale gliedern den Tag und lassen Raum und Zeit für konzentriertes Spiel.
- Lassen Sie nicht ununterbrochen Radio, Fernsehen, CD-Spieler oder Kassettenrekorder ertönen; auch das lenkt ab.
- Setzen Sie klare Grenzen und Regeln, an denen sich Ihr Kind orientieren kann.
- Verlangen Sie nicht zu viel: 15 Minuten konzentriertes Spiel oder Arbeit reichen völlig für ein sechsjähriges Kind. Danach braucht es Bewegung oder Entspannung, je nach vorangegangener Aktion.

Spiele, die Konzentration und Gedächtnis fördern

Allerlei Aufträge

Geben Sie Ihrem Kind lustige kleine Aufträge: „Hole mir einen Löffel, den Papierkorb und ein Handtuch." – „Hole deine Kindergartentasche und deine Mütze, lege die Tasche in die Küche und bringe die Mütze zu mir." – „Hier ist eine Tüte, gehe damit zur Mülltonne, leere die Tüte aus und bringe von draußen fünf kleine Steine. Die legst du hier in die Schale. Mit der Schale kommst du dann zu mir."

Die Rollen können nach jedem Auftrag getauscht werden. Dann muss sich das Kind merken, was es Mutter oder Vater aufgetragen hat. Und wer etwas vergisst, gibt ein Pfand ab.

Eine bewegte Geschichte

Die Spieler sitzen im Kreis. Jeder bekommt ein Wort genannt, das später in einer Geschichte oft erwähnt wird: Ball, Fahrrad, Haus, Garten, Mutter, Kind ...

Die Spieler müssen sich ihr Wort gut merken und dazu jeweils eine Bewegung aussuchen: in die Hände klatschen, trampeln, unter den Stuhl kriechen ...

Der Spielleiter – ein Erwachsener oder, mit etwas Übung, ein Kind – erzählt zügig eine Geschichte. Immer wieder bringt er dabei die ausgesuchten Wörter ein, zu denen die verschiedenen Spieler dann die entsprechende Bewegung machen. Dieses Spiel fordert von allen volle Konzentration und bereitet dennoch viel Freude.

Gleich und gleich

Jeder erhält eine Schale mit 20 verschiedenen Gegenständen aus der Küche oder dem Spielzimmer. In jeder Schale muss das Gleiche liegen: Knöpfe, Stifte, Büroklammern, Bausteine, Perlen, Spielautos, Löffel ...

Die Spieler sitzen mit der gefüllten Schale auf dem Schoß um einen Tisch. Einer holt fünf Gegenstände hervor, die er in die Tischmitte legt. Damit die anderen Zeit haben, sich alles einzuprägen, zählt er langsam bis zehn. Danach werden die fünf Gegenstände mit einem Tuch bedeckt.

Jeder hat nun die Aufgabe, die gleichen fünf Dinge vor sich auf den Tisch zu legen. Dann wird zum Vergleich das Tuch entfernt. Wer hat das Richtige vor sich liegen?

Eine gute Gedächtnisübung für Kinder und Erwachsene!

Ganzheitliche Förderung macht Ihr Kind geistig fit

Die geistigen (kognitiven) Fähigkeiten, die von einem Schulanfänger erwartet werden, umfassen – wie bereits erwähnt – logisches Denken, Konzentration und Ausdauer, ebenso Gedächtnisfähigkeit, das Erfassen von Mengen, ein gewisses Zahlenverständnis, das Wahrnehmen und Erkennen von Farben, Formen und Größen und ein gutes Sprach- bzw. Sprechvermögen.

Bei einer Förderung dürfen die einzelnen Bereiche nicht isoliert betrachtet werden, denn will man sein Kind in seiner Entwicklung unterstützen und soll es Spaß am Lernen haben, so sind ganzheitliche Fördermaßnahmen wichtig. Beziehen Sie Ihr Kind in die alltäglichen Arbeiten mit ein und geben Sie seinem Drang, Neues zu lernen, Dinge zu ergründen und zu verstehen, nach. Selbst bei kleinen Aktionen werden geistige Fähigkeiten gefördert, denn bei jedem Tun sind verschiedene Förderbereiche miteinander verzahnt. So entwickeln Sie die geistigen Fähigkeiten des Kindes weiter und unterstützen gleichzeitig andere Fähigkeiten.

Auf dem Weg zum Kindergarten oder zum Einkauf können Sie auch auf kleine Naturereignisse hinweisen, im Winter etwa auf gefrorene Pfützen, an einem Frühlingsmorgen zunächst auf die geschlossenen, später die geöffneten Tulpenblüten. Das Kind lernt mit der Zeit, Naturzusammenhänge zu beobachten und zu verstehen. So wie es beim Kuchenbacken mit Fragen versucht, Zusammenhänge zu ergründen – Warum muss die Butter weich sein? Woher kommt der Kakao? Warum steigt der Teig in der Form hoch? –, so forscht es auch auf gemeinsamen Spaziergängen. Aus Beobachtungen lernt es, logische Schlüsse zu ziehen: Blütenblätter öffnen sich durch Licht und Wärme (Sonne). Logisches Denkvermögen erlangt ein Kind nicht vor dem Fernseher oder Computer, sondern indem es Handlungen und deren Wirkung ergründen kann. Das Kind lernt aus den Reaktionen, die Personen, Tiere oder Materialien zeigen.

Es lernt Materialien und deren Eigenschaften kennen, wenn es mit Sand, Steinen, Erde, Ton, Knete, Papier, Stoff, Wasser, Feuer und vielem anderen mehr hantieren kann. Der Umgang mit Material wird dem Kind immer wieder neue Eindrücke und Erfahrungen und damit auch Wissen schenken.

Psychische Stärke und soziale Reife sind gefragt

Für Kinder ist das Miteinander in der Schule genauso wichtig wie schulische Leistungen. Sie wollen von Klassenkameraden akzeptiert und anerkannt werden. Sie wünschen sich Freunde und die Anerkennung der Lehrer und anderen Schüler.

- Ihr Kind sollte nicht wegen jeder Streitigkeit zum Lehrer gehen, sondern selbst Konflikte lösen und Streitigkeiten verkraften können. Doch mit jedem Konflikt ist meist ein Stück Angst verbunden und diese Angst gilt es zu bewältigen. Denn welches Kind geht schon gerne in die Pause, wenn es vor einem Kameraden oder überhaupt vor den Älteren Angst hat. Da ist es wichtig, ein starkes Selbstbewusstsein an den Tag zu legen und zu wissen: „Ich schaff das schon!"

- Wenn bereits vor der Einschulung Freundschaften bestehen, ist das gewiss beruhigend für Ihr Kind. Freundschaften sind eine Bereicherung, geben Schutz, Halt und Stärke. Doch Freundschaften können zerbrechen. Auch damit muss ein Kind fertig werden. Es muss aber ebenso in der Lage sein, selbst Freundschaften zu beenden oder von sich aus neue zu schließen.

- Nicht nur Niederlagen auf dem Schulhof oder bei Freundschaften wollen verkraftet werden, auch Kritik und Misserfolge im Unterricht.

Gerade Kindern mit guten geistigen Fähigkeiten, die Erfolg gewohnt sind, fällt dies schwer. Selbstbewusst sein, Frustrationstoleranz und Zuversicht sind hier als emotionale Kompetenz gefragt.

- In jeder Schulklasse werden Regeln aufgestellt. Nur wenn alle diese respektieren und beachten, ist gemeinsames Lernen möglich. Das beginnt mit der Vereinbarung, durch Fingerstrecken deutlich zu machen, dass man etwas sagen möchte, und dann abzuwarten, bis man zum Reden aufgefordert wird.

- Das Zurückstellen persönlicher Wünsche ist wichtig, sonst ist kein Unterricht möglich. Selbst wenn das Kind Hunger verspürt, muss es bis zur Pause warten und seine begonnene Arbeit zu Ende bringen. Es muss lernen, für sich Verantwortung zu übernehmen und Arbeitsaufträge auch erfüllen, wenn sie ihm nicht gefallen oder schwer fallen.

Eine gute Portion Zuversicht, grundsätzliche Belastbarkeit, Ausgeglichenheit sind gute Voraussetzungen für einen Schulstart. Langjährige Beobachtungen in der Grundschule haben ergeben, dass Kinder, die mit anderen gut auskommen, auf andere zugehen können, Freunde haben und für neue Dinge aufgeschlossen sind, bessere schulische Leistungen zeigen – ein Beweis dafür, dass Schulerfolg nicht zuletzt auch von der sozialen Kompetenz eines Kindes abhängig ist.

37

So gewinnt Ihr Kind soziale Reife und psychische Kraft

Am Anfang stehen Eigenständigkeit und Selbstbewusstsein

- Fördern und fordern Sie die Selbstständigkeit Ihres Kindes, damit stärken Sie auch sein Selbstbewusstsein .

- Mit dieser Selbstständigkeit sollten kleine Pflichten verbunden sein. So kann zum Beispiel ein sechsjähriges Kind den Besteckkorb der Spülmaschine ausräumen oder die Zimmerpflanzen gießen. Dabei sollten Sie Vereinbarungen treffen, wann und wie die Arbeit auszuführen ist. Das Kind muss lernen, seine Aufgaben pflichtbewusst zu erfüllen. Allerdings sollten es nicht unzählige sein. Beginnen Sie vielleicht mit der morgendlichen Aufgabe, das Bett zu versorgen, später kann noch mehr dazukommen.

- Springen Sie nicht gleich herbei, wenn Ihr Kind in eine schwierige Situation gerät, beispielsweise, wenn sein Schuh aufgegangen oder der Milchbecher umgekippt ist. Nur so lernt es, sich selbstständig zu organisieren und im Bedarfsfall andere um Hilfe zu bitten.

- Wenn Ihr Kind Langeweile hat, bieten Sie nicht sofort ein Aktionsprogramm an. Langeweile kann auch Chance sein, eigene Ideen zu entwickeln. Das Kind muss lernen, sich allein zu beschäftigen, auch das ist in der Schule gefragt.

- Eltern von Einzelkindern sollten zu Hause darauf achten, dass Aufforderungen nicht immer nur mit dem Namen des Kindes verbunden sind. Statt „Anna, zieh deine Schuhe an, du gehst gleich mit Papa einkaufen" können Sie sagen: „So, gleich gehen wir einkaufen" und der Vater beginnt bereits, sich anzuziehen. Das Kind sollte daraus schließen, dass es sich auch anziehen muss.

Probieren Sie es immer wieder. Das Kind lernt schnell, dass es gemeint sein kann, auch wenn sein Name nicht genannt wird, und dann eigenständig reagieren muss.

- Beurteilen Sie die Leistungen Ihres Kindes ehrlich. Wenn nötig, sprechen Sie kritische Worte. Loben Sie es für gute Leistungen, ermutigen Sie es, zeigen Sie, dass Sie ihm etwas zutrauen. So wie Sie auf Stärken eingehen, sollten Sie aber auch Schwächen akzeptieren – was allerdings nicht heißt, dass Sie ihm Anstrengungen aus dem Weg räumen, weil es sich mit etwas schwer tut.

Soziale Reife lernt ein Kind nur im Umgang mit anderen

- Fördern Sie Freundschaften, die Ihr Kind schließt, oder ermutigen Sie es, Kontakte zu knüpfen. Es gibt Kinder, die bereits als Dreijährige auf andere zugehen, während manch ein Fünfjähriges eher zurückhaltend ist. Drängen Sie nicht, jedes Kind hat seine individuelle Entwicklung. Doch wenn Ihr Kind sechs Jahre alt ist, sollten nicht mehr Sie die Kontakte zu anderen herstellen, sondern Ihr Kind auffordern, selbst auf andere zuzugehen, vielleicht während Sie ihm aufmunternd zunicken.
- Achten Sie darauf, dass Ihr Kind Regeln oder Vereinbarungen einhält, das kann bei Gesellschaftsspielen wie im Umgang mit anderen Kindern oder der eigenen Familie sein. Dazu gehört auch, dass Ihr Kind lernt, nicht dauernd in Gespräche anderer hineinzureden, sondern abzuwarten.
- Lassen Sie nicht einfach Ihre Arbeit stehen und liegen, nur weil Ihr Kind einen Wunsch äußert. Es muss lernen, seine eigenen Bedürfnisse auch einmal eine Zeit lang zurückzustellen.
- Greifen Sie nur dann in Konflikte oder Streitigkeiten ein, wenn es unbedingt erforderlich ist. Ihr Kind muss sich auch verbal anderen gegenüber behaupten – und es ertragen können, wenn es dabei den Kürzeren zieht.
- Fordern Sie Ihr Kind zu Hilfsbereitschaft auf: Jüngeren beim Anziehen helfen, Ihnen den heruntergefallenen Löffel aufheben, älteren Menschen die Tür öffnen und anderes mehr.
- Seien Sie offen, wenn Freunde oder Bekannte anbieten, dass Ihr Kind stundenweise bei ihnen spielen kann. Es lernt so, sich anderen anzupassen, auf deren Wünsche oder Forderungen einzugehen oder sich etwas sagen zu lassen und Kritik anderer zu ertragen. Es lernt andere Regeln kennen, die es akzeptieren muss, und wenn es einmal Ärger gibt, diesen auch auszuhalten.
- Nehmen Sie Ihr Kind zu verschiedenen Anlässen und Begegnungen mit, damit es immer wieder auch Kontakt zu anderen und fremden Menschen bekommt und neue Situationen erfährt.
- Lassen Sie Ihr Kind auch in kleinen Situationen des Alltags immer wieder Kontakt zu anderen aufnehmen: etwas einkaufen, im Restaurant selbst bestellen, der Nachbarin etwas bringen.

Was Ihr Kind zu Hause an sozialer und emotionaler Kompetenz erwirbt, braucht es in der Schule nicht zu lernen. Doch sicher ist auch die Klasse ein Ort, an dem manches Kind sich im Sozialverhalten gut üben kann.
Erkundigen Sie sich im Kindergarten nach dem Sozialverhalten Ihres Kindes. Hier können Vergleiche zu Gleichaltrigen gezogen werden. Dies kann für Ihre Einschätzung sehr hilfreich sein.

„Komm, wir spielen Schule!"

„Ich bin Schulkind, du bist Lehrer!" So ein Spiel bietet Ihnen kurz vor Schulbeginn noch einmal Gelegenheit zur Beobachtung. Drängen Sie Ihrem Kind auch hier nicht Ihre Vorstellungen vom Schulalltag auf. Lassen Sie ihm seine Vorstellungen und erhalten Sie ihm die Freude auf die Schule. Mit ein paar Requisiten wird das Rollenspiel für das Kind interessanter und spannender. Sie können ihm einen alten oder bereits seinen neuen Ranzen geben, dazu Stifte, Malpapier, einen Spitzer und einen Radiergummi. Aus ein paar Blättern lässt sich schnell ein Heft basteln: Blätter einmal zusammenfalten und am geschlossenen Rand heften oder kleben. Auf die Vorderseite wird in großen Druckbuchstaben der Name des Kindes geschrieben.

Wenn Ihr Kind kritzelt, schreibt und malt, können Sie beobachten, wie es mit Stiften, Radiergummi, Spitzer, Heften und anderen Utensilien umgeht.

So wird der Schulweg sicherer

Der Schulweg bietet Ihrem Kind Gelegenheit zur Bewegung. Das ist wichtig, denn im Unterricht muss es lange still sitzen. Auch kommen hier Kontakte unter den Schulkindern zustande. Das Kind kann kleine Entdeckungen machen, beispielsweise gefrorene Pfützen nach dem ersten Nachtfrost oder die ersten Frühlingsblumen. Der Weg von der Schule nach Hause ist zudem eine gute Möglichkeit, vom Schulalltag abzuschalten, bevor es mit den Hausaufgaben weitergeht. Darum sollten Sie Ihr Kind möglichst nicht mit dem Auto zur Schule fahren oder von dort abholen. Doch verlangen Sie auch im Straßenverkehr von Ihrem Kind nicht zu viel. Es ist noch nicht in der Lage, mit Verkehrssituationen souverän umzugehen: Kinder sind in diesem Alter zu klein, um die Situation auf den Straßen zu überblicken und Geschwindigkeiten und Bremswege von Fahrzeugen richtig einzuschätzen. Außerdem haben sie ein starkes Bedürfnis, sich frei zu bewegen und zu spielen. Oft sind sie unkonzentriert, lassen sich leicht ablenken und verlieren Verkehrssituationen dann schnell aus den Augen. Deshalb sollten Sie Ihr Kind gut auf seinen Schulweg vorbereiten!

nnt die Schule

So wird Ihr Kind selbstständig im Straßenverkehr

- Seien Sie das beste Vorbild für Ihr Kind.
- Loben Sie es für richtiges Verhalten. Das verleiht ihm Sicherheit. Drohen Sie nicht mit Gefahren im Straßenverkehr. Denn Unsicherheit macht Angst.
- Lassen Sie Ihr Kind erst dann mit dem Rad zur Schule fahren, wenn es im dritten oder vierten Schuljahr seine Radfahrausbildung gemacht hat. Mit dem Rad auf dem Gehweg zu fahren, löst das Problem nicht, denn das Kind kann leicht vom Weg abkommen und auf die Fahrbahn gelangen.
- Ihr Kind muss wissen, dass es nie mit fremden Menschen mitgehen darf, die es vielleicht von der Schule abholen wollen – auch wenn sie vorgeben, von Ihnen geschickt worden zu sein.
- Ihr Kind muss seine vollständige Adresse kennen.
- Vereinbaren Sie eine Regelung, wie Ihr Kind sich verhalten soll, wenn es einmal vor verschlossener Haustür steht.
- Bringen Sie Ihrem Kind Telefonieren bei. Geben Sie ihm eine Telefonkarte mit einem Restbetrag oder etwas Kleingeld mit – und selbstverständlich Ihre Telefonnummer.

Bereiten Sie Ihr Kind auf den Schulweg vor

- Gehen Sie den Schulweg zunächst allein, suchen Sie die günstigste und sicherste Strecke. Besser planen Sie einen kleinen Umweg ein, um so vielleicht das Überqueren einer Straße zu verhindern – denn dies ist Unfallursache Nummer eins.

- Ist der Weg lang und noch unbekannt (etwa nach einem Umzug), schauen Sie nach Orientierungspunkten für Ihr Kind. Das mag eine Telefonzelle, ein Briefkasten oder ein markantes Haus sein. So können Sie dem Kind sagen: „An dieser Telefonzelle musst du über die Straße, beim roten Haus biegst du um die Ecke." Gehen Sie den Weg auch zurück, von der Schule nach Hause.
- Scheuen Sie sich nicht, dort, wo Ihr Kind die Straße überqueren soll, auch mal in die Hocke zu gehen, um den Blickwinkel zu haben, aus dem Ihr Kind den Verkehr sieht. So prüfen Sie, ob die Stelle günstig ist.
- Gehen Sie mit Ihrem Kind vor der Einschulung immer wieder den neuen Weg, und zwar möglichst zu den Zeiten, zu denen es später auch unterwegs sein wird, denn um acht Uhr morgens ist die Verkehrsdichte anders als am Vormittag um elf.
- Passen Sie sich dem Schritttempo des Kindes an, um festzustellen, wie lange es für den Weg braucht. Geben Sie dann noch ein paar Minuten zu, denn sicher wird Ihr Kind anderen Kindern begegnen, sich mit ihnen unterhalten oder hier und da eine interessante Situation beobachten.
- Überprüfen Sie immer wieder einmal, ob der gewählte Schulweg noch der sicherste ist oder ob neue Gefahrenquellen, beispielsweise Baustellen, dazugekommen sind.

41

Monja geht ihren Weg – eine Verkehrsgeschichte

Die Osterferien sind vorüber und der Kindergarten hat wieder begonnen. Doch obwohl die Sonne schon hell vom Himmel lacht, liegt Monja noch in ihrem Bett und schläft.

„Acht Uhr! Zeit zum Aufstehen", sagt die Mutter und macht die Tür zu Monjas Zimmer weit auf. Sie geht ans Fenster, schiebt den bunten Vorhang beiseite und ruft: „Guten Morgen, Monja! Aufstehen!" Monja dreht sich in ihrem Bett auf die andere Seite und zieht sich das Kissen über den Kopf. Aber die Mutter gibt nicht nach, nimmt das Kissen und streichelt Monja zart die Wange, bis sie die Augen öffnet. „Du wirst schon im Kindergarten erwartet. Komm, steh auf, damit wir frühstücken können."

Das Aufstehen fällt Monja schwer. In den Ferien hat sie abends immer noch gespielt und am nächsten Morgen dann lange geschlafen. „Damit ist jetzt Schluss", hat Mama am Abend zuvor gesagt und Monja musste eher ins Bett. „Du musst dich langsam an das frühere Aufstehen gewöhnen; denn wenn du in die Schule gehst, willst du doch nicht zu spät kommen – oder?"

Etwas verschlafen sitzt Monja dann am Frühstückstisch. Sie hat heute Morgen keinen Appetit und trinkt nur eine Tasse Milch. Später, im Kindergarten, wird sie ihr Brot und den Apfel essen. Mama hat schon alles für sie bereitgelegt.

Als die beiden fertig angezogen an der Haustür stehen, kommt Monja ein Gedanke: „Du, Mama, darf ich heute mal alleine in den Kindergarten gehen? Ich kenne den Weg doch ganz gut. Und über die Straße kann ich auch schon ganz allein. Bitte, Mama!"

Die Mutter überlegt kurz. „Einverstanden, du hast es mir ja schon oft vorgemacht. Und schließlich kommst du bald in die Schule, da werde ich dich nicht immer begleiten können." Monja marschiert los. Das Täschchen mit dem Butterbrot und dem Apfel hält sie fest in der Hand. Sie dreht sich nicht einmal mehr um. Sie hüpft vor Freude und springt so sehr, dass der Apfel aus der Tasche fällt. Und schon kullert er auf die Straße.

„Halt!", ruft da eine Stimme.

Monja ist ganz erschrocken. Frau Klug, die Nachbarin, steht vor ihr. „Du wolltest wohl deinen Apfel schnell wieder holen. Aber schau, da kommt ein Radfahrer. – So, jetzt ist die Straße frei und hier im Rinnstein liegt ja auch der kleine Ausreißer!" Monja bückt sich und legt den Apfel in ihr Täschchen.

„Wie rot der Apfel ist; sicher schämt er sich, weil er so übermütig gesprungen und dabei auf die Straße gerollt ist", sagt Frau Klug und lächelt Monja freundlich an.

„Nur gut, dass ich stehen geblieben bin und nicht so übermütig war wie der kleine Apfel", denkt Monja erleichtert.

„Und jetzt ab in den Kindergarten. Aber nicht zu übermütig sein und ruhig in der Tasche bleiben!", sagt Monja zu ihrem Apfel und geht weiter. Diesmal hüpft und springt sie nicht mehr so wild.

Stolz und fröhlich erreicht Monja den Kindergarten. Sie setzt sich zu ihrer Freundin an den Esstisch, nimmt den immer noch roten Apfel aus dem Täschchen, schaut ihn prüfend an und sagt: „Ich hab dich trotzdem zum Fressen gern." Dann beißt sie herzhaft hinein.

Noch während sie den Apfel isst, klingelt im Kindergarten das Telefon. Es ist Monjas Mutter. Bestimmt freut sie sich, dass Monja gut angekommen ist, und stolz wird sie auch sein. Ob Monja ihr wohl erzählt, wie übermütig der Apfel auf dem Weg zum Kindergarten war?

Die Geschichte von Monja regt an, über Verkehrssituationen ins Gespräch zu kommen. Lassen Sie Ihr Kind erzählen, wie es über die letzte Frage in der Geschichte denkt. Hat es schon Ähnliches erlebt oder beobachtet? Was wäre wohl passiert, wenn Frau Klug nicht „Halt" gerufen hätte? Was hätte Monja getan, wenn der Apfel auf die andere Straßenseite gerollt wäre?

Erzählen Sie die Geschichte an einem anderen Tag noch einmal oder lassen Sie Ihr Kind erzählen.

Das braucht Ihr Kind für die Einschulung

Ganz klar, Schultüte und Schultasche gehören zur Grundausstattung eines jeden Schulanfängers. Was noch dazu gehört und worauf Sie beim Kauf achten sollten, erfahren Sie auf diesen Seiten.

Nicht nur Süßes in die Tüte

Sie möchten die Schultüte Ihres Kindes nicht (nur) mit Süßigkeiten füllen? Kein Problem. Hier einige Anregungen: ein schön blank geriebener Apfel, eine besonders dicke Karotte, eine Nussmischung, ein Druckstempel, ein Brustbeutel, ein Hüpfseil, Knete, ein Jojo, eine Taschenlupe, ein kleines Kaleidoskop, Seifenblasen, ein Gummitierchen, ein Schlüsselanhänger, eine Mütze mit Reflektoren, einen kleinen Blinker für den Anorak, Farbstifte, ein Lineal und andere Schulmaterialien. Oder wie wäre es mit bunten Badeperlen? Ein Entspannungsduftbad nach einem anstrengenden Schultag tut sicher gut.

Scheuen Sie sich nicht, die Spitze der Schultüte wie früher mit Papier zu füllen – beim Auspacken der Tüte kommt vielleicht, als kleine Überraschung zum Schluss, eine Gummispinne oder ein Aufziehfrosch aus dem zusammengeknüllten Papier.

Die Schultasche – eine wichtige Wahl

Die Suche nach einem Schulranzen beginnt schon lange vor Schulbeginn. Die Auswahl ist groß geworden und bekanntlich hat man mit der Wahl seine Qual – nicht nur die Eltern, auch die Kinder, denn schließlich müssen sie ihn ja Tag für Tag drei oder vier Jahre lang tragen. Deswegen und weil er im Preis hoch ist, sollte er sorgfältig ausgesucht werden. Nicht selten befinden sich in den oberen Preisklassen Modelle mit vielen Extras, die beim genauen Hinsehen gar nicht notwendig sind. Übrigens, die Qualität der meisten auf dem Markt befindlichen Produkte ist (laut Stiftung Warentest) zumindest befriedigend, häufig auch gut bis sehr gut.

- Hochformat ist praktischer als Querformat. Damit bleiben Kinder nicht so schnell hängen.
- Vorteilhaft sind breite Trageriemen, die verstellt werden können. Ebenso robuste Verschlüsse, die das Kind gut öffnen und schließen kann (mehrmals im Laden ausprobieren).
- Innen sind stabile Trennwände in Führungsschienen optimal, die sich schnell herausnehmen lassen. Papptrennwände leiern aus oder reißen ein.
- Gut sind stabile, aus einem Stück gefertigte Rückenteile und Bodenplatten.
- Das Material sollte leicht zu reinigen und robust sein, denn so ein Ranzen dient den Kindern auch als Sitz, „Schutzschild" und „Wurfgeschoss".
- Der Deckel und äußere Reißverschlüsse sollten Wasser abweisend sein.

43

Sicherheit zählt

Bei Schultaschen gibt es verbindliche Sicherheitsnormen und technische Richtlinien, die Hersteller nicht extra durch ein Gütesiegel ausweisen müssen. Hier die wichtigsten Kriterien:

- Die Farbe sollte auffällig sein. Auf mindestens zehn Prozent der Gesamtfläche sollten sich vorne und seitlich großflächige Reflektoren oder „Katzenaugen" befinden. Fluoreszierende Flächen haben eine geringere Rückstrahlwirkung. Kanten, die mit Kunststoff verstärkt sind, dürfen nicht leicht brechen und kein Verletzungsrisiko darstellen. Metallstreben im Innern, die nur mit einer dünnen Kunststoffhaut überzogen sind, können sich durch die Wände bohren und zu Verletzungen führen.
- Äußere Teile sollten mit Nieten befestigt sein. Schrauben können sich im Getümmel leicht lösen und herausfallen.

Beugen Sie Haltungsschäden vor

- Ihr Kind soll seinen Ranzen auf dem Rücken tragen, um Haltungsschäden vorzubeugen.
- Ergonomisch geformte Rückteile sorgen dafür, dass die Tasche dicht am Körper getragen wird und nicht wie ein Sack herunterhängt. So ist eine aufrechte Körperhaltung gewährleistet, der Ranzen belastet die Schultern weniger und drückt nicht auf die Lendenwirbel.
- Der Ranzen sollte möglichst leicht sein: ideales Leergewicht 1,5 Kilo oder weniger, mit Inhalt maximal 15 Prozent des Körpergewichts. Damit Ihr Kind nichts Unnützes herumträgt, erkundigen Sie sich beim Klassenlehrer, ob Zeichenblock, Bastelmaterial, Turnschuhe, Mappen oder manche Bücher im Klassenzimmer bleiben können.

Noch ein Tipp zur Sicherheit

Innen im Ranzen sollten Name, Adresse, Telefonnummer angebracht sein, aber nicht außen. Sonst könnten sich Fremde leicht das Vertrauen des Kindes erschwindeln.

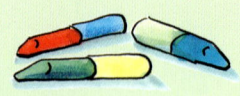

Schreibutensilien: Achten Sie auf Qualität

Nehmen Sie die Liste, die Sie von der Schule bekommen haben, als Einkaufshilfe. Wundern Sie sich nicht, wenn hier verschiedenartige Stifte aufgeführt sind. Diese benötigen unterschiedlich starken Druck beim Schreiben und helfen Ihrem Kind, die ersten Schreibübungen locker und unverkrampft zu machen.

Einkaufstipps:

- Der Radiergummi sollte sauber radieren und handlich sein. Verzichten Sie auf Gummifiguren, grelle Farben und künstliche Duftstoffe.
- Als Spitzer empfehlen viele Lehrer der ersten Klassen Dosenspitzer, weil das Kind zum Anspitzen seiner Stifte nicht aufstehen muss. Prüfen Sie vor dem Kauf die Klinge (sie ist austauschbar).
- Der Füller: Am wichtigsten ist die Feder. Ist sie von schlechter Qualität, kratzt sie auf dem Papier, was beim Schreiben hinderlich ist.
- Auch wenn ein Federmäppchen schon gefüllt ist, sollten Sie die Notwendigkeit und Qualität der Einzelteile prüfen. Oder Sie kaufen ein leeres Mäppchen und bestimmen den Inhalt selbst.
- Welche Hefte benötigt werden, entscheidet der Klassenlehrer. Wichtig ist die Papierstärke. Da Schulanfänger oft radieren und beim Schreiben fest auf drücken, reißt dünnes Papier schnell ein. Achten Sie auch darauf, dass Linien und Kästchen gut zu sehen sind. Schwach gedruckte Seiten erschweren das Schreiben auf den Linien.
- Wachsmalstifte können Plastikhüllen oder Papierhüllen haben. Letztere sind umweltfreundlicher. Auch hier gibt es Qualitätsunterschiede.

- Buntstifte oder Filzstifte? Oder beides? Diese Frage beantwortet am besten die Schule. Filzstifte haben den Vorteil, dass sie ohne Druck schreiben können, das fördert und unterstützt bei Schulanfängern das unverkrampfte Schreiben.
- Auch bei Buntstiften ist die Qualität wichtig. Je leichter sie bei geringem Schreibdruck satte Farbe abgeben, desto weicher malen sie. Das heißt, sie erleichtern die ersten Schwingübungen, die vor und zwischen den Schreibversuchen gemacht werden.
- Kaufen Sie ein bis zwei Stiftverlängerer. Sie verlängern kurze Stifte und fördern ein unverkrampftes Malen und Schreiben.

Das macht die Wartezeit leichter: Ein Wartekalender verkürzt die Zeit

Etwa eine Woche vor dem ersten Schultag hängen Sie einen Wartekalender auf. Dazu brauchen Sie sieben bunte Kindertaschentücher und sieben kleine Schulutensilien wie Spitzer und Radiergummi, Bastelschere, Klebestift, Geldbeutel, Jojo, Quartettspiel, Haarspange oder bunte Murmeln.

Jedes Teil kommt in ein Taschentuch und dieses wird zu einem Säckchen zusammengebunden. Wenn Sie ein größeres Teil verschenken wollen, nehmen Sie für den letzten Tag ein Halstuch. Darin könnte beispielsweise eine Brotdose oder ein Hüpfseil verpackt sein.

Alle Säckchen werden mit Klammern von links nach rechts an einer Schnur aufgehängt (Blickrichtung beim Lesen und Schreiben). Nummerieren Sie die Säckchen mit Klebeetiketten. Auf dem ersten Säckchen klebt die Sieben, neben die Ziffer malen Sie sieben Punkte. Das zweite erhält die Ziffer sechs und dazu sechs Punkte ... An den Etiketten und der Anzahl der Säckchen sieht das Kind, wie viele Tage es noch bis zum Schulbeginn sind.

Diesen Wartekalender hängen Sie sieben Tage (oder, je nach Anzahl der Säckchen, auch zehn Tage) vor Schulbeginn auf. Wenn das Kind ein Säckchen abnimmt, sollte es sagen, wie viele Tage es noch sind und wie die Tage heißen, die da kommen. Dabei zählt es sie an seinen Fingern ab.

Selbst mit solch einem einfachen Wartekalender kann Ihr Kind Zahlen, Mengen, die Wochentage und die Blickrichtung von links nach rechts kennen lernen – und den Inhalt, mitsamt Taschentüchern, kann es gut in seinem Schulalltag gebrauchen.

Der erste Schultag. Die Kinder freuen sich auf den Schulranzen, die Schultüte und den großen Augenblick. Die Eltern blicken in Gedanken zurück und wundern sich, wo die Jahre geblieben sind. Sie spüren, dieser Augenblick verlangt von ihnen wieder ein wenig mehr loszulassen. Sie haben keinen Einfluss mehr auf das, was ihr Kind in der Schule tun und erleben wird.

Das erste Mal zur Schule – ein ganz besonderer Tag

Beginnen Sie den ersten Schulmorgen bei aller Aufregung mit dem Bewusstsein, dass Ihr Kind nun einen eigenen Lebensbereich haben wird. Unterstützen Sie voller Zuversicht seinen Drang nach Selbstständigkeit.

Gestalten Sie den Alltag neu und führen Sie, spätestens jetzt, praktische Regeln ein: beispielsweise, dass am Abend die Kleider für den nächsten Tag bereitgelegt werden und Ihr Kind sich dann selbstständig ankleidet.

Auch ein ausgiebiges Frühstück gehört dazu. Viele Kinder sind am ersten Schultag allerdings zu aufgeregt, um zu frühstücken. Drängen Sie nicht. Geben Sie Ihrem Kind in diesem Fall ein Stück Traubenzucker und ein Glas Fruchtsaft oder ein Milchgetränk.

Vielleicht wünscht sich Ihr Kind, dass an diesem Morgen sein Kuscheltier mitkommt. Erfüllen Sie ihm den Wunsch!

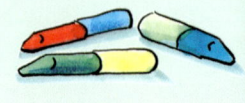

Sie halten die Schultüte bereit, gut verschlossen, denn noch ist es nicht so weit. Mancherorts findet unmittelbar vor der Einschulung ein Gottesdienst statt. Von der Kirche aus geht es dann zur Schule. In der Regel werden Eltern und die Schulanfänger hier von der Schulleitung und den Klassenlehrern begrüßt. Die Übergabe der Tüte wird von Schule zu Schule unterschiedlich gehandhabt. Um Neid und Vergleiche unter den Kindern zu vermeiden, kann man die Schultüten im Klassenzimmer überreichen, aber erst zu Hause öffnen. So erleben auch Sie die Freude Ihres Kindes mit.

Nach der Begrüßung heißt es für Eltern und Kinder bald Abschied nehmen. Es wird nur für kurze Zeit sein. Dennoch ist dieser Moment nicht ganz einfach. Aber auch wenn Sie merken, dass Ihrem Kind der Abschied schwer fällt, seien Sie zuversichtlich und zeigen Sie ihm, dass Sie stolz sind. Ihr Kind wird sich so leichteren Herzens in die neue Situation einfinden. Zum Abschluss wird noch das erste Klassenfoto gemacht – und schon ist der erste Tag in der Schule vorbei. Wie der Tag zu Hause dann „gefeiert" wird, bleibt jedem selbst überlassen. Doch gewiss ist er Anlass genug, die Lieblingsspeise zu kochen oder Großeltern und Paten einzuladen. Gemeinsam mit Ihrem Kind schauen Sie den ersten Stundenplan an und überlegen, was sich dahinter verbirgt. Gewiss freut sich Ihr Kind jetzt bereits auf den nächsten Schultag.

Kinder müssen vieles lernen, was kein Stundenplan enthält

Bevor es in der Schule mit Lesen, Schreiben und Rechnen losgeht, steht zuerst einmal Tag für Tag ein ganz besonderes „Lernprogramm" an, das auf keinem Stundenplan vermerkt ist:

- Das Kind muss zu einer bestimmten Zeit in der Schule sein, auch wenn es lieber zu Hause spielen möchte, und sich an einen neuen Tagesablauf gewöhnen, der oft anstrengend ist.
- Es hat sich über längere Zeit ruhig und still zu verhalten und kann Spielphasen nicht mehr selbst wählen. Das heißt, es muss sein Bedürfnis nach Bewegung und Spiel zurückstellen und sich der Gemeinschaft und der Planung des Lehrers anpassen.
- Das Kind muss mit dem Lehrer und seinen Klassenkameraden vertraut werden. Es wird diese beobachten, um ihr Verhalten einzuschätzen, um sie näher kennen zu lernen und mit dem einen oder anderen Kind Freundschaft zu schließen.
- Das Kind muss sich im Schulgebäude und im Klassenzimmer zurechtfinden, wo es anstelle von Spieltischen für jeden einen festen Arbeitsplatz gibt.
- Den Schultisch teilen sich zwei Kinder, die auch zusammen arbeiten sollen. Das erfordert von jedem, Rücksicht und Verständnis für andere aufzubringen, aber ebenso, sich selbst zu behaupten.
- Ein Kind muss sich in der Klasse auch dann angesprochen fühlen, wenn sein Name nicht genannt wird.

- Gleichzeitig muss es lernen, selbstständig zu arbeiten sowie Verantwortung für seine Arbeit zu übernehmen, auch ohne dass sich ihm jemand widmet.
- Das Bedürfnis sich mitzuteilen muss zurückgestellt werden. Aber es fällt schwer, dem Nachbarn nur kurz etwas zuzuflüstern.
- Auch zunächst den Finger zu strecken, um dann etwas zu sagen, ist neu und nicht einfach, denn das heißt auch abschätzen können, ob die Mitteilung überhaupt von Interesse ist.

Diesen Anforderungen zu genügen, ist für viele Kinder noch recht schwierig, da niemand hinter ihnen steht und behilflich ist, ermutigt oder schlichtet. Das Kind soll die neue Situation eigenverantwortlich meistern.

Daneben wird allerdings noch mehr gefordert, was seine Aufmerksamkeit und Konzentration auf sich zieht und von ihm Selbstbeherrschung verlangt:

- Es soll sich fünf, zehn oder gar fünfzehn Minuten mit einer Sache beschäftigen.
- Es muss sein eigenes Arbeitstempo finden, das heißt nicht trödeln, aber auch nicht übereilt arbeiten.
- Hände und Augen haben in fein abgestimmtem Verhältnis „Höchstleistungen" zu vollbringen. Die Augen haben Zahlen und Wörter immer von links nach rechts zu „lesen", ein exaktes Arbeiten mit Stift und mit Schere wird erwartet, außerdem ein geschickter Umgang mit Heften, Arbeitsblättern, Federmäppchen, Stiften – und vieles mehr.

Dies ist ein reichhaltiges Lernprogramm, das viele Eltern hinter dem Stundenplan der ersten Wochen gar nicht sehen. Gerade das Bewältigen all dieser Aufgaben ist enorm wichtig, denn hier entscheidet sich, ob die Kinder Lesen, Schreiben und Rechnen mit Freude und Erfolg lernen. Denn in einer Klasse, in der die Kinder keine Konzentration aufbringen, in der es ständig Streit gibt, laut und unruhig ist, in der jeder die volle Aufmerksamkeit des Lehrers genießen möchte, ist Lernen fast unmöglich.

Lassen Sie der Schule und den Schülern Zeit, sich auf die neue Situation einzustellen und das Lernprogramm zu bewältigen. Haben Sie Verständnis, wenn Ihr Kind müde, gereizt, zappelig und vielleicht auch mal missmutig zu Hause eintrifft und erst seine Ruhe möchte. Geben Sie ihm Gelegenheit zum Ankommen und Ausspannen.

Rituale gliedern den Schultag

Jeder Lehrer hat darüber hinaus seine eigenen Rituale, um den Unterricht in der ersten Klasse einzuleiten, zu gliedern und ausklingen zu lassen. So beginnen viele mit einem Erzählkreis, dem die Kontrolle der Hausaufgaben und dann kleine abwechslungsreiche Aktivitäten folgen, bevor es in die Pause geht. Auch der Abschied wird zum Ritual.

Für die Kinder sind solche Rituale sehr wichtig, denn noch kennen die meisten die Uhr nicht und können nicht einschätzen, wie lange eine Stunde oder gar ein Vormittag ist. So werden die einzelnen, stets in gleicher Folge ablaufenden Aktionen zum Zeitplan für die Kinder: Sie wissen, wenn die Hausaufgaben genannt werden und die Schulsachen eingepackt sind, folgt die Verabschiedung, dann geht's nach Hause. Solche Regelmäßigkeiten schenken den Kindern Vertrauen und Sicherheit.

Hausaufgaben sollten kein Problem sein

Nach den Richtlinien der Kultusministerien sollten Hausaufgaben so gestellt werden, dass die Kinder sie ohne fremde Hilfe erledigen können. Dennoch sorgen Hausaufgaben immer wieder für Streit, Tränen und Frust. Eltern können allerdings vom ersten Schultag an einiges dazu beitragen, dass es gar nicht so weit kommt:

• Schaffen Sie kein Lernklima, das allein Ihren Vorstellungen entspricht. Das Kind sollte selbst herausfinden können, wie es am besten lernt: beispielsweise, wenn es beim Lesen hin und her geht oder im Sessel sitzt, wenn es beim Rechnen die Gleichungen laut spricht oder die Mengen tatsächlich mit kleinen Holzstäbchen oder Kugeln auf einem Zählrahmen vor sich sieht. Vertrauen Sie Ihrem Kind, dann wird es seinen Lernstil finden. Legen Sie fürs Rechnen „Zählmaterial" bereit: zehn Kastanien oder Kieselsteine und etwa genauso viele Stäbchen oder kleine Bauklötze.

• Finden Sie heraus, wann Ihr Kind am besten lernt: direkt nach dem Mittagessen oder erst nach einer Spielzeit. Gut ist es, wenn Sie eine Regelmäßigkeit finden.

• Trauen Sie Ihrem Kind Selbstständigkeit zu! Formulierungen wie „Wir müssen noch Hausaufgaben machen!" besagen, dass Sie sich für die Hausaufgaben verantwortlich fühlen. Besser sagen Sie: „Versuche, deine Hausaufgaben allein zu machen. Wenn du gar nicht weiter weißt, kannst du mich fragen." Sollte das Kind tatsächlich nachfragen, geben Sie knappe Hinweise und lassen es ohne lange Erklärungen dann wieder arbeiten.

• Wenn Ihr Kind seine Hausaufgaben einmal vergessen hat, geben Sie ihm den Tipp, bei einem Mitschüler anzurufen. So kann es sich in seiner misslichen Situation selbst helfen.

- Kontrollieren Sie die Hausaufgaben nicht strenger als ein Lehrer! Entdecken Sie einen gravierenden Fehler, versuchen Sie Ihr Kind möglichst so darauf hinzuweisen, dass es ihn auch bemerkt und selbst korrigieren kann. Das fördert seine Eigenständigkeit.
- Loben Sie Ihr Kind für seine Leistungen und erkennen Sie seine Mühe an.
- Schreiben ist anfangs mühsam. Kurze Entspannungsübungen zwischendurch helfen, die Finger zu lockern: Arme hängen lassen und so tun, als würden die Hände in einen Berg weicher Wolle greifen oder einem Hund das Fell kraulen, sich ausgiebig recken und strecken und mit den Händen hochgreifen, als pflücke man Äpfel von einem großen Baum. Auch „Ausschütteln" entkrampft.
- Ein bequemer Arbeitsplatz ist wichtig. Sofern Ihr Kind keinen eigenen oder variablen Tisch hat, sollte der Stuhl beziehungsweise die Sitzfläche dem Tisch angepasst werden. Beim Sitzen sollen beide Füße auf dem Boden oder einer Fußablage stehen und der Rücken an der Stuhllehne anliegen können.
- Achten Sie darauf, dass Ihr Kind möglichst wenig abgelenkt wird – durch Fernseher, Radio, laut spielende Kinder oder Spielmaterial auf dem Arbeitstisch. Sorgen Sie für frische Luft.

eignisse erzählen. Dabei können Sie mit dem Kind kuscheln, etwaige Ängste oder Sorgen spüren und darauf eingehen. So schenken Sie ihm die Geborgenheit, die es braucht. Haben Sie keine Bedenken, dass ein und dasselbe Ritual für Ihr Kind langweilig wird. Vielmehr gibt es Sicherheit und Vertrautheit, was wiederum einen ruhigen Schlaf fördert. Auch erleichtert es dem Kind die Trennung von Ihnen, da es sich darauf einstellen kann, dass der Abend nun bald endet.

Guter Schlaf fördert die Konzentration

Das hilft Ihrem Kind beim Einschlafen:
- Vermeiden Sie schwere Abendmahlzeiten.
- Lassen Sie die Tür des Kinderzimmers einen Spalt geöffnet. Das gibt Sicherheit und wirkt beruhigend.
- Auch ein kleines Dimmerlicht, das während der Nacht brennt, hat eine beruhigende Wirkung.
- Vereinbaren Sie gemeinsam mit Ihrem Kind ein Gute-Nacht-Ritual, das eine halbe Stunde nicht überschreiten sollte – beispielsweise vor dem Einschlafen immer eine Geschichte vorlesen oder sich gegenseitig die Tageser-

Lassen Sie Ihrem Kind Zeit

Vielen Kindern bereitet die Umstellung auf die Schule Schwierigkeiten. Sie schlafen am Morgen fest und sind müde, obwohl sie ihr Schlafmaß hatten. Wecken Sie Ihr Kind trotzdem frühzeitig, sodass ihm Zeit bleibt, sich ohne Hektik auf den Tag vorzubereiten und eventuell noch etwas zu spielen. Auch am Frühstückstisch sollte Zeit zum Bummeln sein – es genügt, dass wir Erwachsenen ständig die Uhr im Kopf haben.

Wenn Ihr Kind Probleme beim Einschlafen hat, klären Sie zunächst am besten, ob es nicht zu früh ins Bett geht.

Braucht es nur relativ wenig Schlaf, kann es zwar auch schon um acht Uhr ins Bett, aber darf sich hier noch ein Stündchen still beschäftigen.

Vermitteln Sie Vertrauen

Nicht selten klagen Erstklässler über Einschlafprobleme, weil sie Angst haben. Meist können die Kinder aber gar nicht sagen, was ihnen Angst macht.

In diesem Alter ist es im Allgemeinen nicht die Angst vor der Dunkelheit oder vor schlechten Träumen, die sie am Einschlafen hindert, sondern eher die Angst vor Aufgaben, die sie glauben, nicht erfüllen zu können. Jedes Kind will den Erwartungen seiner Lehrer und Eltern entsprechen, braucht Lob und Anerkennung für sein Verhalten und seine Leistungen. Kinder haben sehr feine Antennen und spüren, auch ohne dass wir etwas sagen, ob sie unseren Erwartungen entsprechen. Wenn die Leistungen in der Schule mal nicht so sind, wie wir es uns wünschen, sind nicht nur wir enttäuscht, sondern auch das Kind und es fühlt sich unter Druck.

Heute stehen viele Schulkinder unter Leistungsdruck, egal aus welchem Grund. Doch hier helfen dann keine „Nachhilfestunden" oder Medikamente, die Schlafprobleme zu beseitigen. Es hilft dem Kind am meisten, wenn es sich akzeptiert und geliebt fühlt – und zwar so, wie es ist.

Zeigen Sie Vertrauen in die Stärken Ihres Kindes und nehmen Sie seine Schwächen an! Denn dies stärkt sein Selbstvertrauen, nimmt ihm Ängste und hilft ihm, seinen Weg zu gehen. Wenn Ihr Kind trotz aller Bemühungen längere Zeit Probleme beim Einschlafen hat, sollten Sie Experten um Hilfe bitten. Fragen Sie Ihren Hausarzt um Rat oder besuchen Sie eine kinderpsychologische Beratungsstelle.

Legasthenie: eine frühe Diagnose hilft

Legasthenie ist weder eine Krankheit, noch hat sie etwas mit mangelnder Intelligenz zu tun. Wenngleich es noch umstritten ist, ob sie generell heilbar ist, so lässt sich doch viel dagegen unternehmen.

Legasthenie ist eine Lese- und Rechtschreibschwäche, auch kurz LRS genannt, von der etwa zehn bis 15 Prozent der neun- bis elfjährigen Kinder betroffen sind, so die Schätzungen der Beratungsstelle „BlickLabor" an der Universität Freiburg.

Zuerst muss die Ursache entdeckt sein

Im „BlickLabor" wurde festgestellt, dass etwa 80 Prozent aller Legastheniker Probleme mit ihrer Blicksteuerung haben, und zwar kurz gesagt, dass eine gestörte Blicksteuerung vorliegt, bei der zu große oder zu kleine Blicksprünge gemacht werden. So registriert das Gehirn nur Teile eines Wortes und setzt Buchstaben oder ganze Sätze falsch zusammen. Daneben können noch weitere Wahrnehmungsstörungen die Ursache sein. Sie lassen sich in einem speziellen Test ausfindig machen. Ein einfacher Lese- und Rechtschreibetest reicht hier allerdings nicht aus. Wenn man dann weiß, was für eine Wahrnehmungsstörung vorliegt, ist es möglich, diese Lese- und Rechtschreibschwäche mit geeigneter Hilfe in den Griff zu bekommen.

Leider wird LRS oft erst im zweiten oder vierten Schuljahr festgestellt, und so lange leiden die Kinder. Sie verstehen nicht, warum sie immer wieder solche Fehler machen. Jegliche Übung ist vergeblich und eine große Belastung für sie. LRS-Kinder denken, fühlen, handeln anders und brauchen für ihre Situation unbedingt unser Verständnis. Für sie sind schon kurze Texte wie ein Puzzle aus 1000 Teilen, das sie mühsam zusammensetzen müssen. Wenn da nicht Lehrer und Eltern verständnisvoll reagieren und das Kind fachliche Hilfe bekommt, verliert es die Freude am Lernen und fühlt sich immer mehr als Versager. Nicht selten kommt es vor, dass normal- bis hochbegabte Kinder deshalb in der Schule tatsächlich versagen und viel Selbstbewusstsein einbüßen. So weit muss es nicht kommen, wenn Eltern statt Kritik und Strafe Verständnis aufbringen und versuchen herauszufinden, wo die Wahrnehmungsstörungen liegen. Keinesfalls gehört ein Legastheniker-Kind, wenn es normal begabt ist, auf eine Sonderschule!

Betroffene Eltern sollten sich erkundigen, wo in ihrer Nähe eine Legasthenie-Diagnose möglich ist und ob es Selbsthilfegruppen für Eltern gibt.

Dyskalkulie – eine Rechenschwäche

Dyskalkulie ist ebenso verbreitet wie Legasthenie – nur wissen auch viele Pädagogen nichts Genaueres von dieser Rechenschwäche oder erkennen sie spät. Nicht selten sind Eltern und Lehrer mit den Leistungen dieser Kinder unzufrieden und glauben, das Kind sei beim Rechnen unkonzentriert und oberflächlich.

Diese Unkenntnis gerät leider den Kindern zum Nachteil, denn trotz durchschnittlicher Intelligenz und häuslichen Drills kommen sie in Mathematik nicht weiter, scheitern und verzweifeln. Strafen und Vorwürfe verstärken die Problematik nur. Was das Kind jetzt braucht, sind fachliche Beratung und eine präzise Fehleranalyse, eine begleitende Erfolgskontrolle und nicht zuletzt die Stärkung seiner Persönlichkeit, die unter den Misserfolgen zwangsläufig gelitten hat.

Aber nicht jedem Rechenproblem muss eine Dyskalkulie zu Grunde liegen. Um Klarheit zu schaffen, sollte man möglichst früh versuchen, das Problem ausfindig zu machen. Dazu können sich Eltern an eine Bildungsberatungsstelle wenden oder direkt an das Staatliche Schulamt des Kreises.

Nähere Informationen erhalten alle Interessierten im Internet unter: www.bvl-legasthenie.de. Hinter dieser Adresse steht der Bundesverband „Legasthenie und Dyskalkulie e.V." (Adressen Seite 58/59).

Schule ist auch Elternsache – besuchen Sie Elternabende

Eine vertrauensvolle Zusammenarbeit zwischen Elternhaus und Schule ist enorm wichtig. Gerade weil Sie Ihr Kind einen Teil des Tages aus Ihrer Verantwortung geben, sollte dieser Kontakt gut funktionieren.

Besuchen Sie Elternabende und Sprechstunden – wenn möglich, sollten beide Eltern teilnehmen, Vater und Mutter. Am ersten Elternabend werden Sie über viele grundsätzliche Dinge informiert. Fragen Sie nach, wenn Ihnen etwas unklar erscheint. Je mehr Sie über die Schule, ihr Konzept und den Lehrplan wissen, desto sicherer und beruhigter fühlen Sie sich zu Hause und diese Sicherheit wird sich auf Ihr Kind übertragen.

Besuchen Sie Elternabende auch dann, wenn es aus Ihrer Sicht keine Schulprobleme gibt. Ein Elternabend ist ohnehin nicht geeignet, persönliche Probleme anzusprechen. Lehrer werden Ihnen vor anderen Eltern keine persönlichen Ratschläge oder Informationen geben, die nur Ihr Kind betreffen, und sicher möchten auch Sie nicht, dass ein Lehrer Ihnen vor allen Eltern mitteilt, welche Probleme Ihr Kind hat.

Sprechstunden bieten Raum für Persönliches

Über persönliche Probleme, etwa bei den Hausaufgaben, sollten Sie in der Sprechstunde reden. Wann diese stattfindet und ob Sie die Lehrerin oder den Lehrer auch außerhalb der Sprechzeiten telefonisch erreichen können, erfahren Sie am ersten Elternabend. Wenn möglich, sollten Sie sich zur Sprechstunde anmelden. So hat die Lehrerin, der Lehrer die Gelegenheit, sich über Ihr Kind und eventuelle Probleme intensiv Gedanken zu machen.

Sicher wollen Sie schon bald wissen, wie sich Ihr Kind in der Schule verhält, wie seine Leistungen sind. Das ist verständlich, aber üben Sie sich etwas in Geduld. Die Klassenlehrer kennen die Kinder erst kurze Zeit. Etwa nach einem Monat können Sie in einer Sprechstunde nachfragen. Nutzen Sie diese Zeit, um Ihr Kind und sein Verhalten zu Hause zu beobachten, und machen Sie sich Notizen dazu: Wie ist seine Stimmung, wenn es in die Schule geht? Wie kommt es nach Hause? Wie geht es an die Hausaufgaben? Was erzählt es über die Arbeit in der Schule, über die Pausen, über sein Verhältnis zu anderen Schülern? Was ist problematisch?

Bevor Sie aber in der Sprechstunde mit Ihren Sorgen oder mit Ihrer Kritik beginnen, sollten Sie zunächst erwähnen, was Ihnen und dem Kind an der Schule, am Unterricht und am Lehrer, an der Lehrerin gefällt. Vermerken Sie dazu in Ihren Notizen auch Positives.

Bleiben Sie bei einer sachlichen Darstellung. Das ist vor allem dann wichtig, wenn Sie eine Begebenheit nur aus den Schilderungen Ihres Kindes kennen oder von anderen Eltern gehört haben.

Vertrauen Sie der Lehrkraft und scheuen Sie sich nicht, familiäre Probleme einzubringen. Sie können nämlich wichtige Aufschlüsse über das derzeitige Verhalten des Kindes in der Schule geben und bieten der Lehrerin, dem Lehrer die Möglichkeit, besser auf Ihr Kind einzugehen.

Seien Sie offen für das, was Sie in der Sprechstunde über Ihr Kind hören. Die Lehrerin, der Lehrer erlebt Ihr Kind in der Gruppe, kann Vergleiche ziehen und mag ein deutlich anderes, auf jeden Fall aber ein eigenes Bild von ihm haben. Vermeiden Sie im Beisein Ihres Kindes negative Äußerungen über Lehrer. Meist haben Kinder zu ihnen ein gutes Verhältnis. Ihre Äußerungen stören dies und beeinflussen sein Lernen.

Nestwärme bleibt wichtig – geben Sie Ihrem Kind Halt und

Ihr Kind braucht Ihr Vertrauen

Wir wünschen uns, dass Kindern die Schule Freude macht, dass sie gerne und leicht lernen, und zwar jedes nach seinen Fähigkeiten. Wenn Sie Ihr Kind gut auf die Schule vorbereitet haben, erwarten Sie natürlich, dass es sein Bestes gibt – wie Sie das in entsprechender Weise von der Schule erwarten. Doch auch als Eltern können Sie weiterhin erheblich dazu beitragen, dass all diese Bemühungen Früchte tragen.

- Geben Sie Ihrem Kind immer wieder zu verstehen, dass Sie es lieb haben und ihm vertrauen. Begegnen Sie ihm mit Respekt und machen Sie sich über sein Verhalten oder seine Bemerkungen nicht lustig. Hören Sie ihm aufmerksam zu, aber horchen Sie es nicht aus. Und behalten Sie für sich, was es Ihnen anvertraut.

- Vermeiden Sie vor ihm Vergleiche mit anderen Kindern, wie: „Lea hat aber eine viel schönere Schrift als du." Oder: „Carlo schreibt immer fehlerlose Diktate." Aus solchen Bemerkungen könnte Ihr Kind schließen, dass Ihnen dieses andere Kind lieber wäre.

- Interessieren Sie sich nicht nur für die Zensuren Ihres Kindes, sondern auch für das, was es lernt und leistet. Wenn Ihr Kind Sie als interessierten und aufgeschlossenen Menschen erlebt, wird es ebenso für alles Mögliche Interesse zeigen – und das ist eine wichtige Voraussetzung für das Lernen überhaupt.

- Trauen Sie Ihrem Kind zu, dass es die ihm gestellten Aufgaben lösen wird. Lassen Sie es aber zugleich spüren, dass es bei Schwierigkeiten immer mit Ihrer Unterstützung rechnen kann. Das heißt nicht, dass Sie ihm jede Schwierigkeit aus dem Weg räumen, denn so lernt es keine Selbstständigkeit, sondern gewöhnt sich vielmehr an Abhängigkeit und das ist keine gute Basis für ein eigenständiges Leben, in das Sie Ihr Kind ja begleiten wollen.

- Schauen Sie zuversichtlich in die Zukunft, aber versuchen Sie nicht, schon zwanzig Jahre weiter zu blicken. Sie können ohnehin nicht absehen, was einmal das Beste für Ihr Kind sein wird. Ihr Kind ist heute ein Schulkind, es braucht heute Ihre Zuversicht und Ihr Vertrauen, damit es morgen selbstbewusst und selbstständig seinen Weg gehen kann.

Geborgenheit

- Stehen Sie Ihrem Kind bei, wenn es in der Schule Schwierigkeiten gibt. Wenn es das Gefühl hat, vom Lehrer nicht anerkannt zu werden, dann sollte es die Gewissheit haben, dass Sie hinter ihm stehen.

- Ein Kind, das mit einer schlechten Zensur nach Hause kommt, braucht keine zusätzliche Strafe oder Moralpredigt, sondern Ermutigung. Setzen Sie es bei schlechten Noten nicht unter Druck. Sie sollten zu Hause auch nicht den „Hilfslehrer" spielen und Ihr Kind mit zusätzlichen Übungen quälen, wenn es die Schule nicht unbedingt fordert. Mit Sicherheit geht hier die Lust am Lernen verloren – und auch einiges an Selbstvertrauen.
Besprechen Sie mit dem Lehrer, was Sie tun können. Kein Kind schreibt eine schlechte Arbeit, weil es schlecht sein will, sondern weil es momentan nicht zu besseren Leistungen fähig war. Versuchen Sie, die Ursache zu finden.

- Geben Sie Ihrem Kind keine Medikamente, die angeblich die Leistungsfähigkeit und die Konzentration verbessern. Viele haben schwere Nebenwirkungen. Aber auch „harmlose Mittelchen" sind keine Hilfe:
Sie „lehren" Kinder, die Lösung für Schwierigkeiten und Probleme in Medikamenten zu suchen.
Scheuen Sie sich nicht, fachliche Hilfe in Anspruch zu nehmen. Adressen möglicher Ansprechpartner finden Sie am Ende dieses Buches.

Schule ist nicht das Wichtigste

Auch wenn die Schule in der Kindheit viel Raum einnimmt, so ist sie doch nicht das Wichtigste.

Schenken Sie Ihrem Kind „Ruheräume", Zeiten, in denen es für sich sein kann und Stille findet. Keinem von uns tut es gut, ständig unter der „Dauerberieselung" von Radio und Fernsehen zu stehen. Ermöglichen Sie Ihrem Kind viel Bewegung im Freien und Kontakt zur Natur. Lassen Sie ihm Zeit für Spiele, Experimente, Bastelarbeiten und Beobachtungen, damit es lernt, konzentriert und ausdauernd zu spielen und zu arbeiten.

Vergessen Sie nicht, gemeinsam mit Ihrem Kind zu spielen, Spaß zu haben, spazieren zu gehen. Sie schaffen so nicht nur einen notwendigen Ausgleich zu den Stunden in der Schule, sondern Sie stärken auch das Verhältnis zwischen sich und Ihrem Kind.

Tragen Sie dazu bei, dass Ihr Kind Lebensfreude empfindet und ein gesundes Selbstbewusstsein entwickelt, dies zählt unsagbar viel mehr als eine Eins in Mathematik oder Deutsch! Denn nur selbstbewusste Menschen finden einen Weg, der ihren Fähigkeiten entspricht.

Spielideen
für Eltern und Kind

Fühlst du's auch?

Ziel: sich entspannen und still werden, Gefühle zeigen

Sie und Ihr Kind sitzen sich gegenüber. Einer hält die Augen geschlossen, während der andere ihm eine Botschaft mit dem Körper übermittelt, zum Beispiel:

- „ich habe Angst" – sich Schutz suchend an den anderen drängen;
- „ich bin wütend" – den anderen sanft mit den Fäusten boxen;
- „ich hab dich lieb" – dem anderen einen Kuss geben.

Danach öffnet der Partner die Augen und sagt, wie er die Nachricht verstanden hat. Ist die Antwort richtig, werden die Rollen getauscht.

Spinnennetz

Ziel: sich entspannen, experimentieren, Spaß haben, Geschick und Selbstständigkeit trainieren

Dieses Spiel ist für jedes Kind ein Vergnügen, für Eltern nicht immer, deshalb sollte als Spielort nicht gerade die Wohnküche ausgesucht werden: Das Kind befestigt den Anfang eines Kordel- oder eines Wollknäuels an einem Gegenstand im Zimmer, dann geht es mit der Schnur kreuz und quer, und zwar so, dass ein riesengroßes Spinnennetz entsteht. Die Schnur immer so befestigen, dass sie sich später auch wieder losbinden und aufwickeln lässt, denn der Netzabbau gehört mit zum Spiel!

Schau genau!

Ziel: sich entspannen und konzentrieren, beobachten und fröhlich sein

- Ihr Kind hat die Augen geschlossen, während Sie im Zimmer manches verändern: einen Stuhl hinlegen, eine Lampe einschalten, einen Blumentopf vom Fenster auf den Tisch stellen. Nun rät Ihr Kind, was sich verändert hat. Beginnen Sie mit drei Veränderungen, später können es mehr werden. Selbstverständlich geht alles ganz leise vor sich, und die Rollen werden getauscht.
- Das Kind schließt kurz die Augen und Sie verändern etwas an Ihrer Kleidung, an Ihrer Frisur, am Gesichtsausdruck (zum Beispiel die Augenbrauen hochziehen) oder an der Körperhaltung (den Kopf auf den Arm legen, einen Finger ins Ohr stecken).

Stück für Stück

Ziel: sich konzentrieren, Ausdauer und Geschick trainieren

Fünf Flaschenkorken liegen in einer Reihe auf dem Tisch. Auf jedem liegt quer ein Hölzchen. Die Aufgabe besteht darin, die Stäbchen Stück für Stück zwischen zwei Fingern hochzuheben: das erste Stäbchen zwischen dem rechten und linken Daumen, das zweite zwischen dem rechten und linken Zeigefinger und so fort.

Ballonroller

Ziel: sich konzentrieren, innere Ruhe genießen, Ausdauer und Geschick trainieren

An eine Stuhllehne werden nebeneinander zwei gleich lange Schnüre geknotet. Sie sollen gerade so weit auseinander sein, dass ein Luftballon auf ihnen liegen kann. Nun nimmt das Kind die beiden Schnüre so in die Hand, dass sie sich parallel zueinander etwas spannen. Sie legen den Ballon auf die Schnüre. Senkt das Kind die Hände, rollt ihm der Ballon entgegen; hebt es die Hände, rollt er zur Stuhllehne. Wie oft rollt er hin und her?

Durch die Röhre

Ziel: sich konzentrieren, Ausdauer und Geschick trainieren
Auf dem Fußboden liegt ein Stück Pappe als Ziel. Aus etwa einem Meter Abstand wird versucht, eine Murmel oder auch eine Kastanie durch eine Pappröhre (Küchenrolle) ins Ziel zu rollen.
Naschkatzen können hin und wieder auch Schokolinsen nehmen, die bei einem Treffer vernascht werden dürfen!

Tickt's bei dir?

Ziel: sich konzentrieren, differenziert wahrnehmen
Sie verstecken unauffällig einen laut tickenden Wecker, eine eingestellte Eieruhr oder eine aufgezogene Spieluhr. Das Kind, das in der Zwischenzeit warten muss, singt laut vor sich hin, bis Sie ihm ein Zeichen geben. Nun darf es auf die Suche gehen. Nur wer hier leise schleicht und genau horcht, der wird erraten, wo es tickt. Dann werden die Rollen getauscht.

Die kleine Wörterhexe

Ene, mene, Tintenklecks,
ich bin die kleine Wörterhex'.
Verhexe ich das Wörtchen HAUS,
so wird daraus gleich eine MAUS.
Ene, mene, Tintenklecks,
ich bin die kleine Wörterhex'.
Ich hexe dir aus einer SCHÜSSEL
mit einem L schnell einen SCHLÜSSEL.
Ene, mene, Tintenklecks,
ich bin die kleine Wörterhex'.
Dem Nachbarsjungen, er heißt KLAUS,
nehm' ich das K, schon ist's 'ne LAUS.
Ene, mene, Tintenklecks,
ich bin die kleine Wörterhex'.
Ich nehme von der großen TANNE
das erste T, schon heißt sie ANNE.
Ene, mene, Tintenklecks,
ich bin die kleine Wörterhex'.
Und schenke ich der kleinen ANNE
ein großes K, so ist's 'ne KANNE.

Große Druckbuchstaben aus Pappe oder Buchstaben-kärtchen verdeutlichen dem Kind die „Wörterhexerei". Legen Sie die Wörter auf den Tisch und „hexen" Sie, dem Text entsprechend. Mit der Zeit kann auch Ihr Kind die Rolle der „Wörterhexe" übernehmen und findet vielleicht neue Wörter, die sich verhexen lassen.

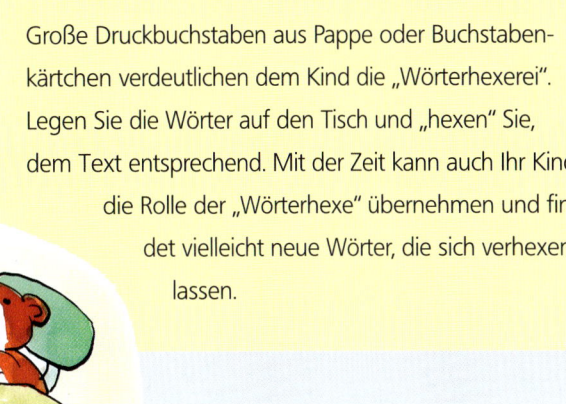

Wichtige und nützliche Adres...

Deutsche Gesellschaft
für das hochbegabte Kind e.V.
Schillerstraße 4-5
10625 Berlin
Tel. 0 30 – 34 35 68 29
www.dghk.de

Bundesverband Legasthenie und Dyskalkulie e.V.
Königstraße 32
30175 Hannover
Tel. 05 11 – 31 87 38
www.bvl-legasthenie.de

Initiative zur Förderung rechenschwacher Kinder
IFRK e.V. Stuttgart
Badstraße 25
73776 Altbach
Tel. 0 71 53 – 2 74 48

Beratungsstelle „BlickLabor"
Diagnose und Beratung bei Lernproblemen,
insbesondere Lese- und Schreibprobleme
Universität Freiburg · AG Hirnforschung
Hansastraße 9
79104 Freiburg
Tel. 0 7 61 – 2 03 95 36
www.brain.uni-freiburg.de

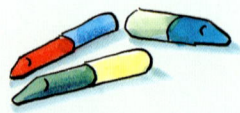

Bundesverband zur Förderung von Menschen
mit Lernbehinderungen e.V.
„Lernen fördern"
Rolandstraße 61
50677 Köln
Tel. 02 21 – 38 06 66
www.lernen-foerdern.de

Adressen und E-Mail-Anschriften der verschiedenen
Landesverbände finden Sie im Internet unter dem Link
„Landesverbände".

Institut für mathematisches Lernen und Praxis
für Dyskalkulie-Therapie
Grindelberg 45
20144 Hamburg
Tel. 0 40 – 4 22 42 21
www.iml-hamburg.de

Beratungsstelle für Linkshänder
Sendlinger Straße 17
80331 München
Tel. 0 89 – 26 86 14
www.linkshaender-beratung.de

Schreibgeräte und Schulutensilien für Linkshänder
Versandadressen:
  • sinErgo, Versand für Linkshänder
    Wasserburger Landstraße 167 a
    81827 München
    Tel. 0 89 – 45 36 26 08
    www.sinergo.de

- Linkshand-Artikel-Vertrieb (LAV)
  Klaus Däumler
  Postfach 1208
  28785 Schwanewede
  Tel. 0 42 09 – 44 03

- Linkshandversand Sabine Hornung
  Ottostraße 8
  67551 Worms
  Tel. 0 62 41 – 93 46 44
  www.linkshandversand.de

Aktion Humane Schule e.V.
Bundesgeschäftsstelle
Merheimer Straße 484
50735 Köln
Tel. 02 21 – 974 32 97
www.ahs.uni-osnabrueck.de

Bundesvereinigung
Stotterer-Selbsthilfe e.V.
Gereonswall 112
50670 Köln
Tel. 02 21 – 139 11 06
www.bvss.de

Gesellschaft für ganzheitliches Lernen e.V.
Dr. Charmaine Liebertz
Zülpicher Platz 18
50674 Köln
Tel. 02 21 – 92 33 103
www.ganzheitlichlernen.de

Die Gesellschaft bietet Eltern, Erziehern, Lehrern, Ärzten und Therapeuten Beratung und Fortbildung zum Thema „ganzheitliches Lernen", also Lernen mit Kopf, Herz und Hand, mithilfe neuer Lern- und Erziehungsmethoden.

Adressen weiterer Beratungsstellen finden Sie bei:
- Erziehungsberatungsstellen
- Gesundheitsämtern
- Ärzten
- Krankenkassen
- Schulen/Schulämtern

Bitte haben Sie Verständnis, dass hier nur wenige Anschriften aufgelistet sind und dass trotz sorgfältiger Zusammenstellung die Richtigkeit nicht gewährleistet werden kann.

Renate Ferrari, geboren 1953, hat 15 Jahre einen Kindergarten geleitet.
Nach der Geburt ihres Sohnes gab sie ihren Beruf auf und war vielen Kindern eine wertvolle Tagesmutter.
Seit 1993 ist sie Chefredakteurin der Elternzeitschrift „mobile" (Verlag Herder) und arbeitet als Referentin bei verschiedenen Elternseminaren.

© Christophorus im Verlag Herder
Freiburg im Breisgau 2004
www.christophorus-verlag.de

ISBN 3-419-53631-3

Illustrationen: Klaus Puth

Coverfoto: Heidi Velten
Bildleiste: Miguel Perez, Ulrich Niehoff, Heidi Velten

Fotos:
Miguel Perez, Seite 18
Heidi Velten, Seiten 10, 20, 27, 34, 38, 46, 56
Jutta Weser, Seite 8

Umschlaggestaltung: Network!, München

Layout und Gesamtproduktion:
USW. Uwe Stohrer Werbung, Freiburg

Herstellung: Proost, Turnhout 2004

Hier zeigen wir Ihnen eine Auswahl unserer beliebten und erfolgreichen Bücher – und wir haben noch viele andere im Programm. Wir informieren Sie gerne, fordern Sie einfach unser Verlagsprogramm an:

3-419-**53616**-X

3-419-**53592**-9

3-419-**53607**-0

3-419-**53440**-X

3-419-**52891**-4

Bücher für Erzieherinnen, Eltern und Kinder

Bücher für Eltern und Familie

Bücher für Kinder

Bücher für ihre Hobbys

CHRISTOPHORUS

Hermann-Herder-Straße 4
79104 Freiburg i. Breisgau
www.christophorus-verlag.de
Telefon: 0761 / 2717 - 268 oder
Fax: 0761 / 2717 - 352